N DES PRINCIPAUX OUVRAGES PÉDAGOGIQUES

FRANÇAIS ET ÉTRANGERS

FÉNELON

DE L'ÉDUCATION DES FILLES

TEXTE COLLATIONNÉ SUR L'ÉDITION DE 1687,

AVEC UNE INTRODUCTION

ET DES NOTES PÉDAGOGIQUES ET EXPLICATIVES

à l'usage des institutrices et des instituteurs

PAR

CHARLES DEFODON

Ancien inspecteur primaire à Paris

HUITIÈME ÉDITION

PARIS

LIBRAIRIE HACHETTE ET Cie

79, BOULEVARD SAINT-GERMAIN, 79

DE L'ÉDUCATION DES FILLES

D

COULOMMIERS

Imprimerie Paul Brodard

COLLECTION DES PRINCIPAUX OUVRAGES PÉDAGOGIQUES
FRANÇAIS ET ÉTRANGERS

FÉNELON

DE L'ÉDUCATION DES FILLES

TEXTE COLLATIONNÉ SUR L'ÉDITION DE 1687
AVEC UNE INTRODUCTION
ET DES NOTES PÉDAGOGIQUES ET EXPLICATIVES

à l'usage des institutrices et des instituteurs

PAR

CHARLES DEFODON

Ancien inspecteur primaire à Paris

HUITIÈME ÉDITION

PARIS
LIBRAIRIE HACHETTE ET Cie
79, BOULEVARD SAINT-GERMAIN, 79

1898

INTRODUCTION

Le traité de l'*Education des filles* est le premier ouvrage de Fénelon ; lorsqu'il le publia, en 1687, il était âgé de trente-six ans. On ne l'appelait encore que M. l'abbé de Fénelon. Au sortir du séminaire de Saint-Sulpice, après trois ans de ministère dans la paroisse de la communauté, il avait un instant songé aux missions du Canada et à celles du Levant. Retenu par les siens et déjà connu par des sermons et des instructions qui l'avaient mis en vogue, il fut chargé, en 1678, à l'âge de vingt-sept ans, de diriger, en qualité de supérieur, la maison des Nouvelles-Catholiques de Paris, institution placée sous le patronage du roi et du maréchal de Turenne, et destinée, suivant les idées du temps, que notre libéralisme religieux goûterait peu aujourd'hui, à retenir dans la foi catholique les jeunes filles et les femmes protestantes plus ou moins volontairement converties, ou à gagner à cette même religion celles qu'on désirait convertir. Cette direction, où il se montra habile, mit le jeune abbé de Fénelon en relation directe avec de puissants protecteurs, avec Bossuet, avec Mme de Maintenon, et, après la

révocation de l'édit de Nantes, tout en restant supérieur des Nouvelles-Catholiques, il fut encore
chargé par Louis XIV, sur la proposition de Bossuet,
de diriger, dans les pays d'Aunis et de Saintonge,
ces singulières missions où, par la violence et la
persuasion, l'Eglise et le bras séculier s'unissaient
pour détruire en France le protestantisme

C'est dans l'année qui suivit cette mission que
parut l'*Education des filles* [1].

Suivant les biographes les plus autorisés de Fénelon, ce fut une circonstance tout accidentelle qui
le détermina à cette publication.

« Fénelon, dit le cardinal de Bausset, n'avait pas
même composé cet ouvrage pour le public; c'était
un simple hommage de l'amitié; il ne l'avait écrit
que pour répondre aux pieuses intentions d'une
mère vertueuse. Mme la duchesse de Beauvilliers [2] partageait tous les sentiments de confiance
et d'estime de son mari pour l'abbé de Fénelon.
Occupée avec le plus respectable intérêt de l'éduca-

1. En voici le titre exact : EDUCATION DES FILLES, par Monsieur
l'abbé de FENELON. — A Paris, chez Pierre Aubouin, Pierre Emery
et Charles Clousier, Quay des Augustins, près l'Hôtel de Luynes,
à l'Ecu de France, et à la Croix-d'Or. M.DC.LXXXVII. Avec Privilège du Roy. — Le privilège du roi est enregistré sur le livre
de la communauté des imprimeurs et libraires de Paris, à la
date du 27 février 1687; l'achevé d'imprimer pour la première
fois est du 29 mars de la même année. — Le *Traité du choix et de
la méthode des études* de l'abbé Fleury, dont nous parlons plus
loin, avait paru en 1686. Dans l'exemplaire de l'*Education des
filles*, de 1687, que nous avons eu entre les mains, nous le voyons
mentionné parmi les livres « nouvellement imprimés et qui se
vendent dans la même boutique ».

2. La duchesse de Beauvilliers était la seconde fille de Col-
bert.

tion de sa nombreuse famille, elle le pria de la diriger dans l'accomplissement des devoirs prescrits
à sa sollicitude maternelle. Outre plusieurs garçons,
elle eut huit filles, qui, grâce aux exemples domestiques qu'elles eurent sous leurs yeux pendant leur
jeunesse, et aux principes qu'elles puisèrent dans
les instructions de Fénelon, furent des modèles de
toutes les vertus que la charité inspire et que la religion ennoblit.

« Comme elles étaient encore trop jeunes pour
que Fénelon pût indiquer par rapport à chacune
d'elles les modifications que tout instituteur éclairé
doit employer, selon la différence des caractères,
des penchants et des dispositions, il généralisa
toutes ses vues et toutes ses maximes ; mais il saisit
avec tant d'art et de profondeur tous les traits uni-
formes dont la nature a marqué ce premier âge de
la vie, et toutes les variétés qui donnent à chaque
caractère comme à chaque figure une physionomie
différente, qu'il n'est aucune mère de famille qui
ne doive retrouver dans ce tableau l'image de son
enfant et l'expression fidèle des défauts qu'elle doit
s'efforcer de prévenir, des penchants qu'elle doit
chercher à rectifier, et des qualités qu'elle doit désirer de développer.

« C'est ainsi qu'un ouvrage destiné à une seule
famille est devenu un livre élémentaire qui convient à toutes les familles, à tous les temps et à
tous les lieux [1]... »

1. *Histoire de Fénelon, archevêque de Cambrai*, composée, sur
les manuscrits originaux, par M. le cardinal de BAUSSET, pair de

Ce serait donc dans la maison du duc de Beauvilliers que Fénelon aurait trouvé comme un premier fond d'observations directes sur les enfants.
Il dut en tirer d'autres de son institution des
Nouvelles-Catholiques, où l'on recevait des jeunes
filles de tout âge ; on sait enfin que, dès la fonda-
tion de l'institut des demoiselles de Saint-Louis,
Fénelon avait été souvent appelé par Mme de Maintenon pour y faire des prédications ; « elle lui
avait demandé des instructions spéciales pour les
demoiselles et dont celles-ci faisaient des manuscrits [1], » Nul doute que la trace de ces instructions
ne se retrouve aussi dans l'*Education des filles*. Plusieurs des chapitres de l'*Education* sont en résumé
ou en germe dans le *Traité du choix et de la méthode
des études* de l'abbé Fleury, qui parut en 1686 ;
l'abbé Fleury était lié avec Fénelon, qui le fit
nommer quelques années plus tard sous-précepteur du duc de Bourgogne, et il est certain que les
deux amis, occupés de pensées communes, se com-
muniquèrent leurs impressions, sinon leurs projets
d'écrits. Telles sont, avec les écrivains de l'antiquité, avec l'Evangile et les Pères de l'Eglise, notamment saint Augustin qu'il cite plusieurs fois,
les sources où a puisé Fénelon, et l'ordonnance peu
sévère des matières de ses chapitres donnerait à

France, membre de l'Académie française ; troisième édition, revue,
corrigée et augmentée (4 vol. in-8, Versailles, 1817). Livre I,
§ 22, p. 59. — La première édition est de 1808-1809.

1. Th. LAVALLÉE, *Histoire de la maison royale de Saint-Cyr,*
1686-1793 (1 vol. gr. in-8, Paris, 1853), p. 110.

penser qu'il y a recueilli des notes composées en
diverses occasions. Parmi les écrivains de notre
langue qui se sont occupés avant lui de l'éducation
des enfants, Montaigne serait celui avec qui on
lui trouverait volontiers quelque ressemblance, fort
lointaine d'ailleurs. Mais Fénelon lisait-il Montaigne?

Le traité de l'*Éducation des filles* obtint immédiatement le plus éclatant succès. Fénelon, qui ne
laissait pas d'être, suivant sa propre expression,
« appliqué aux moyens légitimes de réussir[1] »,
pensait-il déjà, en le publiant, qu'un jour quelques
haute fonctions éducatives pourraient venir trouver un homme si profondément versé dans toutes
les questions de l'éducation? Toujours est-il que
son livre « indiqua pour ainsi dire à l'avance à
M. de Beauvilliers le précepteur des petits-fils de
Louis XIV » (BAUSSET). Nommé gouverneur des
jeunes princes, le 16 août 1689, dès le lendemain,
de concert avec Mme de Maintenon, il propo-
sait et faisait agréer son ami. D'autre part, lorsqu'en 1693 Fénelon fut appelé à remplacer Pellis-
son à l'Académie française, il n'avait encore publié
que deux livres: l'*Éducation des filles* et un ouvrage de polémique religieuse, le *Traité du ministère
des pasteurs*.

L'*Éducation des filles* méritait assurément de pa-
reils honneurs. « Sur le traité de l'*Éducation des
filles*, dit un éditeur de ce traité, délicat appréciateur

1. Voy. p. 93.

de notre littérature classique, M. Silvestre de Sacy[1],
je ne ferai qu'une comparaison dont tout le monde
pourra vérifier aisément la justesse. Jean-Jacques
Rousseau a traité le même sujet, dans le cinquième
livre de son *Emile*, avec une complaisance manifeste et toute la magie de son style. Il y a épuisé
son art. Esprit, imagination, tableaux frais et gra-
cieux, rien ne manque à la séduction. Rousseau n'a
jamais été plus écrivain. Aussi l'est-il trop, au lieu
qu'en lisant le traité de Fénelon on ne s'aperçoit
pas même qu'on lit; on coule sur ce style naturel
et facile, non pas sans en sentir les grâces, mais
sans les remarquer; c'est un accord merveilleux de
l'expression et de la pensée qui retient toute l'attention sur le sujet et n'en laisse pas pour l'auteur.
Rousseau déclame éloquemment, j'en conviens,
mais il déclame. Fénelon parle, instruit et touche[2]. »

Sur ce dernier mot, il y aurait peut-être, pour être
tout à fait vrai, quelques réserves à faire. On est
touché d'entendre l'austère Saint-Cyran avouer
humblement à M. Le Maître que « ce serait sa *dévotion* de pouvoir servir les enfants »; on est touché,
et profondément, de l'espèce de tremblement avec
lequel tous les solitaires de Port-Royal abordent
l'éducation, cette chose *terrible* pour qui se fait une

1. M. Silvestre de Sacy, de l'Académie française, mort récem-
ment, a publié en 1869 une des meilleures éditions modernes du
traité de l'*Éducation des filles* (in-12, Paris, chez Techener, avec
les *Dialogues sur l'éloquence* et la *Lettre à l'Académie française*).
Une autre excellente édition publiée de notre temps est celle de
Renouard (in-12, Paris, 1807, avec portrait).
2. Introduction du *Traité de l'éducation des filles*, p. VI.

si terrible idée du péché originel et de ses conséquences. Il y aurait bien à dire sur la façon dont
Bossuet avait compris son devoir d'éducateur à
l'égard de son élève le grand Dauphin, qu'il laissait
battre comme plâtre par M. de Montausier ; mais
combien est touchante l'humiliation volontaire de
ce grand génie en présence de la direction d'un
petit enfant, dont il n'avait pas prévu peut-être
toutes les difficultés ! « Sauvez-nous, Seigneur, sauvez-nous ; j'espère en votre bonté et en votre grâce ;
vous avez bien préservé les enfants de la fournaise,
mais vous envoyâtes votre ange ; et moi, hélas ! qui
suis-je ? Humilité, tremblement, enfoncement dans
son néant propre, confiance, persévérance, travail
assidu, patience ¹ !... » On a bien souvent conté
aussi ce trait de la vie de Pestalozzi, qu'on trouva
un jour, au moment où il s'essayait aux *leçons de
choses*, la tête dans ses mains, pleurant comme
un enfant au fond de son jardin et se reprochant
avec amertume de n'avoir pas su mieux faire.

Il n'y a pas dans Fénelon de ces grands élans.
Il a sans doute, lui aussi, cet amour des enfants,
qui est la première vertu de l'éducateur ; il est
vivement frappé de leur grâce comme de leurs
misères, qui nous les rendent si sympathiques.
C'est lui qui a su dire, avec tant de délicatesse, que
« le cerveau des enfants est comme une bougie
allumée dans un lieu exposé au vent » et dont
« la lumière vacille toujours ². » C'est lui qui a

1. Voy. page 30.
2. Voy. p. 28

dit aussi, avant Rousseau, que, pour instruire et
élever les enfants, « il faut se contenter de suivre et
d'aider la nature [1] », indulgent au point de réduire
presque jusqu'à l'exagération l'effort personnel de
l'enfant, et de vouloir que l'éducation soit toute ré-
créative et tout attrayante.

Mais ce qui domine dans son livre, c'est un bon
sens supérieur, une sagacité pénétrante et insinuante, moins préoccupée d'échauffer que d'éclairer.
Sans y mettre, bien entendu, l'âpreté et l'amertume
de La Bruyère [2], mais avec non moins de finesse,
il analyse les penchants de l'enfance, surtout de
l'enfance féminine, visant par-dessus tout à cette
qualité qui a été, en définitive, la qualité maîtresse
de son temps, la mesure. Fénelon ne semble pas
avoir beaucoup goûté Molière; il le traite assez mal
dans sa *Lettre à l'Académie* [3], et pourtant son idéal
féminin, tel qu'il ressort du traité de l'*Education
des filles*, semble être exactement le même que cette
Henriette des *Femmes savantes*, discrète, réservée,
modeste, qui ne sait pas le grec, surtout quand il

1. Voy. p. 20.
2. Voyez, dans le chapitre XI des *Caractères*, le passage sur les
enfants, qui débute par ce premier alinéa : « Les enfants sont
hautains, dédaigneux, colères, envieux, curieux, intéressés, pa-
resseux, volages, timides, intempérants, menteurs, dissimulés ;
ils rient et pleurent facilement ; ils ont des joies immodérées et
des afflictions amères sur de très petits sujets ; ils ne veulent
point souffrir de mal et aiment à en faire : ils sont déjà des
hommes. »
3. « En pensant bien, il parle souvent mal... J'aime bien mieux
sa prose que ses vers. Par exemple, l'*Avare* est moins mal écrit
que les pièces qui sont en vers. » VII (*De la comédie*).

s'agit de se dérober à un Vadius, et dont toute la
grâce n'est que la fine fleur du bon sens et de la
raison. Un judicieux critique de pédagogie l'a très
justement remarqué comme nous le faisons ici :
« c'est à former des Henriettes que semble s'être
attaché Fénelon dans son *Education des filles* [1]. »

Ajoutons tout de suite qu'aujourd'hui l'idéal de
Fénelon et de Molière serait insuffisant. La grâce
décente et discrète est sans doute de tous les temps ;
aujourd'hui, comme dans tous les temps, il doit y
avoir pour les femmes « une pudeur sur la science,
presque aussi délicate que celle qui inspire l'horreur
du vice [2]. » Mais, tout en restant aussi modestes, il
faut qu'elles soient plus instruites, pour ne pas employer ce mot de « savantes » que Molière réserve
ironiquement aux Philamintes, aux Armandes et
aux Bélises. Un milieu social où le savoir est plus
répandu et où la vie est plus compliquée et plus
élevée ; des nécessités nouvelles de relations avec
la famille, avec leur mari, leurs enfants ; un essor
plus grand et plus général donné à nos facultés et
que doivent suivre, sous peine de manquer à des
devoirs réels, ceux et celles qui font partie de nos
sociétés modernes, ont créé pour les femmes des
obligations auxquelles ne correspond plus, par
exemple, le programme de connaissances que Fénelon a eu l'honneur de formuler pour elles le
premier ou l'un des premiers. C'est ainsi qu'on

1. M. ANDRÉ, *Nos maîtres, hier* (1 vol. in-12, Paris), p. 321.
2. Voy. p. 71.

ne comprendrait pas — nous ne voulons citer que
ce seul exemple — que l'étude de l'histoire nationale entrât à peine, comme le demande Fénelon, à
titre de distraction et de délassement, et au-dessous
des histoires grecque et romaine [1], dans l'éducation
des femmes du dix-neuvième siècle; nous avons
fait de cette connaissance une des conditions du
patriotisme, et le patriotisme est une vertu qui ne
s'adresse point uniquement à notre sexe.

Il va sans dire que l'éducation que Fénelon veut
donner aux femmes est éminemment chrétienne;
mais ce n'est point une éducation de couvent. Il
veut les tenir également éloignées de la superstition, des subtilités théologiques, et même, qui le
croirait du futur apôtre du quiétisme? éloignées
aussi de toute dévotion mystique et singulière. La
jeune fille qui suivrait sur ce point les doctrines
de l'*Education des filles* pourrait être sincèrement
croyante, tout en ne laissant pas de rester sensée.

Ajoutons encore que le livre de Fénelon s'adresse
spécialement à des jeunes filles de condition et de
fortune; c'était à celles-là qu'il avait le plus ordinairement affaire; c'était d'ailleurs à peu près les
seules qui comptassent dans la société de son temps
et qui parussent mériter qu'on s'occupât d'elles.
Comme l'a fort justement remarqué M. Buisson [2],

1. Voy. p. 120.
2. Dans sa conférence sur l'enseignement intuitif. Voir le recueil
des *Conférences pédagogiques faites aux instituteurs primaires
venus à Paris pour l'Exposition universelle de 1878* (1 vol. in-12,
Paris, 1876), p. 382.

c'est l'honneur de notre époque que les instituteurs
aient aujourd'hui à faire pour l'éducation des enfants du peuple ce que les Bossuet et les Fénelon
croyaient à peine possible pour l'éducation des
princes. Mais, outre que l'ouvrage est plein de ces
généralités qui sont, pourrait-on dire, humaines, et
qui s'adressent aux petits comme aux grands, à notre
génération comme aux générations passées et à
toutes celles qui pourront venir, il est facile d'ajuster, sans grand effort, les conseils et les leçons de
Fénelon à la plupart des enfants et aux conditions
les plus communes.

C'est ce que nous avons essayé de faire pour notre
part, dans les notes qui accompagnent cette édition. Elles sont particulièrement destinées aux institutrices, aux instituteurs, aux maîtresses, aux
maîtres et aux élèves des écoles normales, aux as-
pirantes et aux aspirants au brevet et à la fonction
d'institutrices et d'instituteurs. Outre les explica-
tions d'histoire et de langue que nous avons cru
devoir donner sur certaines parties du texte, nous
y rapprochons un grand nombre de passages d'écrivains du même temps que Fénelon ou d'une époque
postérieure, qui ont suivi ou qui, dans certains cas,
contredisent ses doctrines ; nous rectifions nous-
même, sur un très petit nombre de points, tels
détails de ces doctrines qui peuvent paraître aujourd'hui erronés ou contestables ; nous montrons
enfin comment on peut appliquer à tous nos enfants, surtout dans les écoles, dans l'éducation publique, les instructions et les directions où Fénelon

n'avait en vue que les classes les plus hautes de la
société, et les enfants élevés isolément et dans la
famille.

Ce n'est point ici le lieu d'entrer dans une analyse même succincte de l'*Education des filles*. L'ouvrage est court ; il faut le lire tout entier. Aussi
bien, d'ailleurs, cette analyse serait-elle difficile,
quoique les treize chapitres qui composent le traité
constituent un ensemble dont on saisit l'unité, et
que la suite de ces chapitres soit logiquement marquée. Fénelon, comme nous l'avons dit, ne s'est
point piqué, dans les détails, d'une ordonnance
rigoureuse et systématique ; sa plume court aisément dans une libre et familière causerie, sans
scrupule de faire renaître, au profit d'une pensée
sur laquelle il lui convient d'insister, des répétitions et des retours qui ne diffèrent que par l'expression. Fénelon, à ce point de vue, compose
comme les anciens, dont son esprit était nourri, et,
pour la forme comme pour le fond, M. Silvestre de
Sacy a pu dire très justement du traité de l'*Education des filles* que « c'est du Xénophon écrit par
une plume chrétienne [1] ».

1. *Introduction*, p. ix.

Juillet 1881.

DE
L'ÉDUCATION DES FILLES

CHAPITRE PREMIER

DE L'IMPORTANCE DE L'ÉDUCATION DES FILLES [1]

Rien n'est plus négligé que l'éducation des filles. La coutume et le caprice des mères y décident souvent de tout; on suppose qu'on doit donner à ce sexe peu d'instruction. L'éducation des garçons passe pour une des

1. Pour donner une idée de l'orthographe et de la ponctuation en usage au temps de Fénelon, nous transcrivons exactement le texte du premier alinéa de ce chapitre dans l'édition de 1687.

DE L'IMPORTANCE DE L'ÉDUCATION DES FILLES.

Rien n'est plus negligé que l'éducation des filles. La coûtume et le caprice des meres y décident souvent de tout; on suppose qu'on doit donner à ce sexe peu d'instruction. L'éducation des garçons passe pour une des principales affaires par rapport au bien public; et quoy qu'on n'y fasse gueres moins de fautes que dans celle des filles, du moins on est persuadé qu'il faut beaucoup de lumiere pour y réüssir. Les plus habiles gens se sont appliquez à donner des regles dans cette matiere; combien voiton de Maîtres et de Colleges? Combien de dépenses pour des impressions de Livres, pour des recherches de sciences, pour des methodes d'apprendre les Langues, pour le choix des Professeurs; tous ces grands preparatifs ont souvent plus d'apparence que de solidité; mais enfin ils marquent la haute idée qu'on a de l'éducation des garçons. Pour les filles, dit-on, il ne faut pas qu'elles soient sçavantes, la curiosité les rend vaines et precieuses, il suffit qu'elles sçachent gouverner un jour leurs ménages,

1

principales affaires par rapport au bien public; et, quoiqu'on n'y fasse guère moins de fautes que dans celle des
filles, du moins on est persuadé qu'il faut beaucoup de
lumières pour y réussir. Les plus habiles gens se sont
appliqués à donner des règles dans cette matière. Combien voit-on de maîtres et de collèges! Combien de dépenses pour des impressions de livres, pour des recherches de sciences, pour des méthodes d'apprendre les
langues, pour le choix des professeurs! Tous ces grands
préparatifs ont souvent plus d'apparence que de solidité;
mais enfin ils marquent la haute idée qu'on a de l'éducation des garçons. Pour les filles, dit-on, il ne faut pas
qu'elles soient savantes, la curiosité les rend vaines et
précieuses [1]; il suffit qu'elles sachent gouverner un jour
leurs ménages [2], et obéir à leurs maris sans raisonner.

et obéir à leurs maris sans raisonner. On ne manque pas de se
servir de l'expérience qu'on a de beaucoup de femmes que la
science a rendues ridicules. Après quoy on se croit en droit
d'abandonner aveuglément les filles à la conduite des meres
ignorantes et indiscretes....

1. Les femmes qu'on appelait *précieuses* au commencement
du xviii° siècle étaient des personnes de la plus haute société, qui
se livraient au plaisir du bel esprit et joignaient la délicatesse
du langage à la délicatesse des manières. Le mot se prit longtemps en bonne part; mais il s'appliqua plus tard, surtout après
les *Précieuses ridicules* de Molière (1659), aux personnes affectées
dans leurs sentiments et dans leur conversation, et la pièce de
Molière prouve que le travers de la « préciosité » était commun
au xviii° siècle. C'est dans un sens défavorable que Fénelon prend
ici le mot de *précieuses*.

2. C'est l'avis de Chrysale dans les *Femmes savantes* (1672) :

> Il n'est pas bien honnête, et pour beaucoup de causes,
> Qu'une femme étudie et sache tant de choses.
> Former aux bonnes mœurs l'esprit de ses enfants,
> *Faire aller son ménage*, avoir l'œil sur ses gens,
> Et régler la dépense avec économie,
> Doit être son étude et sa philosophie.
>
>   (ACTE II, scène VII.)

Quant à la doctrine d'après laquelle les femmes doivent « obéir
à leurs maris sans raisonner », c'est celle qu'Arnolphe prêche à
Agnès dans l'*École des femmes* (1662) :

On ne manque pas de se servir de l'expérience qu'on a
de beaucoup de femmes que la science a rendues ridicules : après quoi on se croit en droit d'abandonner aveuglément les filles à la conduite des mères ignorantes et
indiscrètes [1].

Il est vrai qu'il faut craindre de faire des savantes ridicules. Les femmes ont d'ordinaire l'esprit encore plus
faible et plus curieux [2] que les hommes; aussi n'est-il
point à propos de les engager dans des études dont elles
pourraient s'entêter. Elles ne doivent ni gouverner l'État,
ni faire la guerre, ni entrer dans le ministère des choses
sacrées; ainsi, elles peuvent se passer de certaines connaissances étendues qui appartiennent à la politique, à
l'art militaire, à la jurisprudence, à la philosophie et à
la théologie. La plupart même des arts mécaniques ne
leur conviennent pas : elles sont faites pour des exercices modérés. Leur corps, aussi bien que leur esprit,
est moins fort et moins robuste que celui des hommes; en
revanche, la nature leur a donné en partage l'industrie [3],

> Votre sexe n'est là que pour la dépendance :
> Du côté de la barbe est la toute-puissance.
> Bien qu'on soit deux moitiés de la société,
> Ces deux moitiés pourtant n'ont point d'égalité :
> L'une est moitié suprême, et l'autre, subalterne ;
> L'une en tout est soumise à l'autre, qui gouverne ;
> Et ce que le soldat dans son devoir instruit
> Montre d'obéissance au chef qui le conduit,
> Le valet à son maître, un enfant à son père,
> A son supérieur le moindre petit frère,
> N'approche point encor de la docilité,
> Et de l'obéissance, et de l'humilité,
> Et du profond respect où la femme doit être
> Pour son mari, son chef, son seigneur et son maître.
>   (ACTE III, scène II.)

1. *Indiscrètes* : manquant de discernement, de bon sens.
2. *Plus curieux* : plus désireux de savoir ce qu'il n'est pas
utile, suivant l'auteur, ce qu'il peut être dangereux de connaître.
Ici Fénelon entend le mot *curieux* en mauvaise part. Plus loin,
p. 21, il admet, surtout chez les enfants, une curiosité légitime.
3. *L'industrie* : l'habileté naturelle à faire les choses, particu-

la propreté et l'économie, pour les occuper tranquillement dans leurs maisons.

Mais que s'ensuit-il de la faiblesse naturelle des femmes? Plus elles sont faibles, plus il est important de les fortifier. N'ont-elles pas des devoirs à remplir, mais des devoirs qui sont les fondements de toute la vie humaine? N'est-ce pas elles qui ruinent ou qui soutiennent les maisons [1], qui règlent tout le détail des choses domestiques, et qui, par conséquent, décident de ce qui touche de plus près à tout le genre humain? Par là, elles ont la principale part aux bonnes ou aux mauvaises mœurs de presque tout le monde [2]. Une femme

lièrement les choses de l'intérieur, du ménage, les ouvrages des mains.

1. Dans le second volume des *Conseils aux demoiselles*, par Mme de Maintenon (édition Th. Lavallée), il y a un proverbe destiné aux demoiselles de Saint-Cyr, qui a pour titre : *Les femmes font et défont les maisons*, et qui est le développement, sous une forme dramatique, de la pensée de Fénelon.

2. Il faut rapprocher de ce passage le début du chapitre du *Traité du choix et de la méthode des études*, de l'abbé Claude Fleury, sur les « études des femmes ». L'abbé Fleury, le savant auteur de l'*Histoire ecclésiastique*, plus âgé de onze ans que Fénelon, fut son ami et partagea avec lui, en qualité de sous-précepteur, les soins de l'éducation du duc de Bourgogne. Le *Traité du choix et de la méthode des études* parut en 1686, un an environ avant l'*Éducation des filles*, et il semble que l'on sente, sur plusieurs points de ces deux livres, une même inspiration et comme le reflet d'études, de conversations, de préoccupations communes.

« Ce sera sans doute un grand paradoxe, dit l'abbé Fleury, que les femmes doivent apprendre autre chose que leur catéchisme, la couture et divers petits ouvrages; chanter, danser et s'habiller à la mode, faire bien la révérence et parler civilement; car voilà en quoi l'on fait consister, pour l'ordinaire, toute leur éducation. Il est vrai qu'elles n'ont pas besoin de la plupart des connaissances que l'on comprend aujourd'hui sous le nom d'études : ni le latin, ni le grec, ni la rhétorique ou la philosophie du collège ne sont point à leur usage, et, si quelques-unes, plus curieuses que les autres, ont voulu les apprendre, la plupart n'en ont tiré que de la vanité, qui les a rendues odieuses aux autres femmes et méprisables aux hommes. De là cepen-

judicieuse, appliquée, et pleine de religion, est l'âme de toute une grande maison; elle y met l'ordre pour les biens temporels et pour le salut. Les hommes mêmes, qui ont toute l'autorité en public, ne peuvent par leurs délibérations établir aucun bien effectif, si les femmes ne leur aident à l'exécuter.

Le monde n'est point un fantôme; c'est l'assemblage de toutes les familles; et qui est-ce qui peut les policer avec un soin plus exact que les femmes, qui, outre leur autorité naturelle et leur assiduité dans leur maison, ont encore l'avantage d'être nées soigneuses, attentives au détail, industrieuses, insinuantes et persuasives? Mais les hommes peuvent-ils espérer pour eux-mêmes quelque douceur de vie, si leur plus étroite société, qui est celle du mariage, se tourne en amertume? Mais les enfants, qui feront dans la suite tout le genre humain, que deviendront-ils, si les mères les gâtent dès leurs premières années?

Voilà donc les occupations des femmes, qui ne sont guère moins importantes au public [1] que celles des hom-

dant on a conclu, comme d'une expérience assurée, que les femmes n'étaient point capables d'études, comme si leurs âmes étaient d'une autre espèce que celles des hommes, comme si elles n'avaient pas aussi bien que nous une raison à conduire, une volonté à régler, des passions à combattre, une santé à conserver, des biens à gouverner, ou s'il leur était plus facile qu'à nous de satisfaire à tous ces devoirs sans rien apprendre. Il est vrai que les femmes ont pour l'ordinaire moins d'application, moins de patience pour raisonner de suite, moins de courage et de fermeté que les hommes, et que la constitution de leur corps y fait quelque chose, quoique sans doute la mauvaise éducation y fasse plus; mais en récompense elles ont plus de vivacité d'esprit et de pénétration, plus de douceur et de modestie; et, si elles ne sont pas destinées à de si grands emplois que les hommes, elles ont d'ailleurs beaucoup plus de loisir, qui dégénère en une grande corruption des mœurs, s'il n'est assaisonné de quelque étude. » (Chap. XXXVIII.)

1. *Au public* : à l'intérêt commun, à la société.

mes, puisqu'elles ont une maison à régler, un mari à
rendre heureux, des enfants à bien élever. Ajoutez que
la vertu n'est pas moins pour les femmes que pour les
hommes [1] : sans parler du bien ou du mal qu'elles peuvent faire au public, elles sont la moitié du genre humain, racheté du sang de Jésus-Christ, et destiné à la
vie éternelle [2].

Enfin, il faut considérer, outre le bien que font les
femmes quand elles sont bien élevées, le mal qu'elles
causent dans le monde quand elles manquent d'une
éducation qui leur inspire la vertu. Il est constant que
la mauvaise éducation des femmes fait plus de mal que
celle des hommes, puisque les désordres des hommes
viennent souvent et de la mauvaise éducation qu'ils ont
reçue de leurs mères, et des passions que d'autres femmes leur ont inspirées dans un âge plus avancé.

Quelles intrigues se présentent à nous dans les histoires, quel renversement des lois et des mœurs, quelles
guerres sanglantes, quelles nouveautés contre la reli-

1. Que les femmes doivent être vertueuses aussi bien que les
hommes doivent être vertueux.
2. M. E. Legouvé développe cette pensée dans sa conférence
sur la *Question des femmes* (broch. in-12, 1881, Hetzel et Cie) :
« On ne voit et l'on n'élève dans la jeune fille que l'épouse future.
A quoi lui servira tel talent ou telle qualité quand elle sera
mariée ? dit-on sans cesse. Son développement personnel est un
moyen, jamais un but. La femme n'existe-t-elle donc point par
elle-même ? N'est-elle fille de Dieu que si elle est compagne de
l'homme ? N'a-t-elle pas une âme distincte de la nôtre, immortelle
comme la nôtre, tenant comme la nôtre à l'infini par la perfecti-
bilité ? La responsabilité de ses fautes et le mérite de ses vertus
ne lui appartiennent-ils pas ? Au-dessus de ces fonctions d'épouse
et de mère, fonctions transitoires, accidentelles, que la mort
brise, que l'absence suspend, qui appartiennent aux unes et n'appartiennent pas aux autres, il est pour la femme un titre éternel
et inaliénable qui domine et précède tout : c'est celui de créature
humaine. Eh bien, comme telle, elle a droit au développement
le plus complet de son esprit et de son cœur. » (P. 16.)

gion [1], quelles révolutions d'État, causés par le dérèglement des femmes! Voilà ce qui prouve l'importance de
bien élever les filles; cherchons-en les moyens.

1. *Quelles nouveautés contre la religion :* la religion catholique
étant éminemment traditionnelle, toute nouveauté, c'est-à-dire
toute manière d'entendre un dogme, d'interpréter un texte, qui
n'est point fondée sur la tradition, est, à ses yeux, une suite du
dérèglement de l'esprit, puisqu'elle aboutit au schisme ou à
l'hérésie. L'institution des Nouvelles catholiques, que Fénelon
dirigeait pendant qu'il composait son *Education des filles*, était
précisément destinée à empêcher ou à faire disparaître ces
« nouveautés. »

CHAPITRE II

INCONVÉNIENTS DES ÉDUCATIONS ORDINAIRES

L'ignorance d'une fille est cause qu'elle s'ennuie et qu'elle ne sait à quoi s'occuper innocemment. Quand elle est venue jusqu'à un certain âge sans s'appliquer aux choses solides, elle n'en peut avoir ni le goût ni l'estime; tout ce qui est sérieux lui paraît triste, tout ce qui demande une attention suivie la fatigue; la pente aux plaisirs, qui est forte pendant la jeunesse, l'exemple de personnes du même âge qui sont plongées dans l'amusement, tout sert à lui faire craindre une vie réglée et laborieuse. Dans ce premier âge, elle manque d'expérience et d'autorité pour gouverner quelque chose dans la maison de ses parents; elle ne connaît pas même l'importance de s'y appliquer, à moins que sa mère n'ait pris soin de la lui faire remarquer en détail. Si elle est de condition [1], elle est exempte du travail des mains : elle ne travaillera donc que quelque heure du jour [2]; parce qu'on dit, sans savoir pourquoi, qu'il est honnête aux

1. *De condition :* de naissance noble. On disait encore, au xviie siècle, à peu près dans le même sens : de qualité.

2. La plupart des éditions donnent *quelques heures;* nous écrivons, avec l'édition de 1687, *quelque heure,* c'est-à-dire, d'une façon indéterminée, pendant un temps plus ou moins long.

femmes de travailler ; mais souvent ce ne sera qu'une contenance, et elle ne s'accoutumera point à un travail suivi.

En cet état, que fera-t-elle ? La compagnie d'une mère qui l'observe, qui la gronde, qui croit la bien élever en ne lui pardonnant rien, qui se compose avec elle [1], qui lui fait essuyer ses humeurs, qui lui paraît toujours chargée de tous les soucis domestiques, la gêne et la rebute ; elle a autour d'elle des femmes flatteuses, qui, cherchant à s'insinuer par des complaisances basses et dangereuses, suivent toutes ses fantaisies et l'entretiennent de tout ce qui peut la dégoûter du bien ; la piété lui paraît une occupation languissante et une règle ennemie de tous les plaisirs. A quoi donc s'occupera-t-elle ? A rien d'utile. Cette inapplication se tourne même en habitude incurable.

Cependant voilà un grand vide, qu'on ne peut espérer de remplir de choses solides ; il faut donc que les frivoles prennent la place. Dans cette oisiveté, une fille s'abandonne à la paresse ; et la paresse, qui est une langueur de l'âme, est une source inépuisable d'ennuis. Elle s'accoutume à dormir d'un tiers plus qu'il ne faudrait pour conserver une santé parfaite ; ce long sommeil ne sert qu'à l'amollir, qu'à la rendre plus délicate, plus exposée aux révoltes du corps ; au lieu qu'un sommeil médiocre [2], accompagné d'un exercice réglé, rend une personne gaie, vigoureuse et robuste, ce qui fait sans doute la véritable perfection du corps, sans parler des avantages que l'esprit en tire.

Cette mollesse et cette oisiveté étant jointes à l'ignorance, il en naît une sensibilité pernicieuse pour les di-

1. *Qui se compose avec elle :* qui ne se montre pas telle qu'elle est, qui se tient sur la réserve.
2. *Un sommeil médiocre :* qui n'est ni trop long ni trop court, un sommeil de durée moyenne.

vertissements et pour les spectacles[1] ; c'est même ce qui excite une curiosité indiscrète et insatiable.

Les personnes instruites et occupées à des choses sérieuses n'ont d'ordinaire qu'une curiosité médiocre[2] ; ce qu'elles savent leur donne du mépris pour beaucoup de choses qu'elles ignorent ; elles voient l'inutilité et le ridicule de la plupart des choses que les petits esprits, qui ne savent rien et qui n'ont rien à faire, sont empressés d'apprendre.

Au contraire, les filles mal instruites et inappliquées ont une imagination toujours errante. Faute d'aliment solide, leur curiosité se tourne toute en ardeur vers les objets vains et dangereux. Celles qui ont de l'esprit s'érigent souvent en précieuses et lisent tous les livres qui peuvent nourrir leur vanité ; elles se passionnent pour des romans, pour des comédies, pour des récits d'aventures chimériques, où l'amour profane est mêlé. Elles se rendent l'esprit visionnaire[3], en s'accoutumant au langage magnifique des héros de romans[4] ; elles se

1. *Une sensibilité pernicieuse*, etc. : un goût trop vif pour les divertissements et les spectacles, goût qui devient pernicieux.

2. *Médiocre :* comme, à la page précédente, mesuré, modéré.

3. *Visionnaire :* chimérique, extravagant.

4. *Au langage magnifique des héros de romans.* On sait quelle vogue ont eue dans la première moitié du xviie siècle les romans, aujourd'hui parfaitement oubliés, de Mlle de Scudéry, de La Calprenède, etc. M. Géruzez (*Histoire de la littérature française,* t. II) explique très judicieusement les raisons de cette vogue, que condamne Fénelon : « Le travers le plus considérable et le plus encouragé de ce temps (1re époque du xviie siècle) fut le travestissement de l'antiquité dans des fictions romanesques qui sont, pour la plupart, une peinture détournée et partiellement fidèle de la société contemporaine. Déjà, sous le costume et sous le nom de ces bergers, mêlés aux druides de la Gaule et aux conquérants germains, d'Urfé (dans *l'Astrée*, 1610-1619) avait déguisé des personnages et des aventures de son temps, lorsque Mlle de Scudéry s'empara des héros de la Perse et de Rome pour représenter les mœurs, le langage, les caractères des habitués de l'hôtel de Rambouillet : on aimait à reconnaître Julie

gâtent même par là pour le monde ; car tous ces beaux sentiments en l'air, toutes ces passions généreuses, toutes ces aventures que l'auteur du roman a inventées pour le plaisir, n'ont aucun rapport avec les vrais motifs qui font agir dans le monde et qui décident des affaires, ni avec les mécomptes qu'on trouve dans tout ce qu'on entreprend.

Une pauvre fille, pleine du tendre et du merveilleux

d'Angenne sous les traits de Mandane ou de Clélie, et M. de Montausier n'était pas fâché de devenir Artamène ou Brutus. C'était un caprice de tous ces beaux esprits, et le plaisir qu'ils y trouvaient était plus encore de l'égoïsme que du mauvais goût. Le royaume de Tendre, dont la carte est dans la *Clélie*, n'est pour nous qu'un jeu puéril ; pour les initiés, c'était une analyse délicate de l'amour ingénieusement figurée. On peut détacher du *Cyrus* et de la *Clélie* des portraits habilement tracés et des conversations conduites avec un art infini. L'intérêt romanesque a disparu, mais il subsiste encore dans les romans de La Calprenède, qui ont précédé de quelques années ceux de Mlle de Scudéry. On sait que Mme de Sévigné se reprochait de les lire, mais elle ne pouvait s'en défendre. Ce Gascon, qui ne manquait ni d'imagination ni de cœur, avait eu l'ambition, sans connaître l'histoire, de peindre dans *Cassandre* le partage de l'empire d'Alexandre, dans *Cléopâtre*, les dernières convulsions de la république romaine, et dans *Pharamond*, l'établissement de l'empire des Francs : il n'a réussi, comme l'a dit Boileau, qu'à peindre des Gascons d'après lui-même ; mais il les introduit dans une action attachante, et il leur donne des sentiments d'honneur hyperbolique qui échauffent le cœur. Mme de Sévigné l'a bien jugé. « Il y a, dit-elle, d'horribles endroits dans *Cléopâtre*, mais « il y en a de beaux, et la droite vertu est bien dans son trône. » Lorsqu'on le lit, on se croit haut de plusieurs coudées et capable de pourfendre des géants. Son Artaban est resté, au moins dans la langue, un type de fierté. Dans le même temps, Gomberville, qui trouvait profanes et de pernicieux exemple ces compositions chevaleresques et sentimentales, a écrit dans une intention plus morale son *Alcidiane*, roman édifiant et inextricable, dont les héros raisonnent sur la grâce à la manière de Jansénius et de Saint-Cyran. C'est ainsi que le bon évêque de Belley, Camus de Pontcarré, du temps de l'*Astrée*, opposait à Céladon des pastorales mystiques et malheureusement illisibles. Le roman était un cadre à la mode, qui se prêtait à tout complaisamment. »

qui l'ont charmée dans ses lectures, est étonnée de ne
trouver point dans le monde de vrais personnages qui
ressemblent à ces héros : elle voudrait vivre comme ces
princesses imaginaires, qui sont, dans les romans, toujours charmantes, toujours adorées, toujours au-dessus
de tous les besoins. Quel dégoût pour elle de descendre
de l'héroïsme jusqu'au plus bas détail du ménage !

Quelques-unes poussent leur curiosité encore plus loin
et se mêlent de décider sur la religion [1], quoiqu'elles
n'en soient point capables. Mais celles qui n'ont pas
assez d'ouverture d'esprit pour ces curiosités en ont d'autres qui leur sont proportionnées : elles veulent ardemment savoir ce qui se dit, ce qui se fait, une chanson,
une nouvelle, une intrigue; recevoir des lettres, lire
celles que les autres reçoivent [2]; elles veulent qu'on leur
dise tout, et elles veulent aussi tout dire ; elles sont
vaines, et la vanité fait parler beaucoup ; elles sont légères, et la légèreté empêche les réflexions qui feraient
souvent garder le silence.

1. *De décider sur la religion* : d'exprimer, d'une façon tran-
chante, leurs opinions personnelles sur les dogmes ou les pratiques de la religion.

2. Mme de Maintenon est d'accord sur ce point, comme sur
beaucoup d'autres, avec Fénelon. Une instruction pour les demoiselles de Saint-Cyr qui date de 1686, et que l'on distribuait
comme une sorte de prospectus de l'établissement aux personnes qui la demandaient, porte, art. 13 : « On ne leur laisse ni
lettres, ni manuscrits, ni bons, ni mauvais. » (*Lettres et entretiens sur l'éducation des filles*, édit. Th. Lavallée, t. Ier, p. 10.)

CHAPITRE III

Pour remédier à tous ces maux, c'est un grand avantage que de pouvoir commencer l'éducation des filles dès leur plus tendre enfance. Ce premier âge, qu'on abandonne à des femmes indiscrètes [1] et quelquefois déréglées, est pourtant celui où se font les impressions les plus profondes et qui par conséquent a un grand rapport à tout le reste de la vie.

Avant que les enfants sachent entièrement parler, on peut les préparer à l'instruction [2]. On trouvera peut-être que j'en dis trop ; mais on n'a qu'à considérer ce que fait l'enfant qui ne parle pas encore : il apprend une langue qu'il parlera bientôt plus exactement que les savants ne sauraient parler les langues mortes qu'ils ont étudiées avec tant de travail dans l'âge le plus mûr. Mais qu'est-ce qu'apprendre une langue? Ce n'est pas seulement mettre dans sa mémoire un grand nom-

1. Voyez, sur le mot *indiscrètes*, la note 1 de la page 3.

2. J.-J. Rousseau a développé cette pensée en plusieurs passages de l'*Emile*, notamment dans celui-ci : « Je le répète : l'éducation de l'homme commence à sa naissance ; avant de parler, avant d'entendre, il s'instruit déjà. L'expérience prévient les leçons ; au moment qu'il connaît sa nourrice, il a déjà beaucoup acquis, etc. » (Livre I.)

bre de mots ; c'est encore, dit saint Augustin, observer le sens de chacun de ces mots en particulier. L'enfant, dit-il, parmi ses cris et ses jeux, remarque de quel
objet chaque parole est le signe : il le fait tantôt en
considérant les mouvements naturels des corps qui tou-
chent ou qui montrent les objets dont on parle, tantôt
étant frappé par la fréquente répétition du même mot
pour signifier le même objet. Il est vrai que le tempérament du cerveau [1] des enfants leur donne une admirable facilité pour l'impression de toutes ces images;
mais quelle attention d'esprit ne faut-il pas pour les dis-
cerner et pour les attacher chacune à son objet!

Considérez encore combien, dès cet âge, les enfants
cherchent ceux qui les flattent et fuient ceux qui les
contraignent; combien ils savent crier ou se taire pour
avoir ce qu'ils souhaitent; combien ils ont déjà d'artifi-
ce et de jalousie. « J'ai vu, dit saint Augustin, un enfant jaloux : il ne savait pas encore parler; et déjà, avec
un visage pâle et des yeux irrités, il regardait l'enfant
qui tetait avec lui. »

On peut donc compter que les enfants connaissent dès
lors plus qu'on ne s'imagine d'ordinaire : ainsi vous pouvez leur donner, par des paroles qui seront aidées par
des tons et des gestes, l'inclination d'être avec les personnes honnêtes et vertueuses qu'ils voient, plutôt
qu'avec d'autres personnes déraisonnables qu'ils seraient
en danger d'aimer ; ainsi vous pouvez encore, par les
différents airs de votre visage et par le ton de votre
voix, leur représenter avec horreur les gens qu'ils ont
vus en colère ou dans quelque autre dérèglement, et
prendre les tons les plus doux avec le visage le plus
serein pour leur représenter avec admiration ce qu'ils
ont vu faire de sage et de modeste.

1. *Le tempérament du cerveau :* le mode de composition du
cerveau, la façon dont le cerveau est organisé.

Je ne donne pas ces petites choses pour grandes; mais enfin ces dispositions éloignées sont des commencements qu'il ne faut pas négliger, et cette manière de prévenir de loin les enfants a des suites insensibles qui facilitent l'éducation.

Si l'on doute encore du pouvoir que ces premiers préjugés de l'enfance ont sur les hommes, on n'a qu'à voir combien le souvenir des choses qu'on a aimées dans l'enfance est encore vif et touchant dans un âge avancé. Si, au lieu de donner aux enfants de vaines craintes des fantômes et des esprits[1], qui ne font qu'affaiblir, par de trop grands ébranlements, leur cerveau encore tendre; si, au lieu de les laisser suivre toutes les imaginations de leurs nourrices pour les choses qu'ils doivent aimer ou fuir, on s'attachait à leur donner toujours une idée agréable du bien et une idée affreuse du mal, cette prévention leur faciliterait beaucoup dans la suite la pratique de toutes les vertus. Au contraire, on leur fait craindre un prêtre vêtu de noir, et on ne leur parle de la mort que pour les effrayer, on leur raconte que les morts reviennent la nuit sous des figures hideuses : tout cela n'aboutit qu'à rendre une âme faible et timide, et qu'à la préoccuper contre les meilleures choses.

Ce qui est le plus utile dans les premières années de l'enfance, c'est de ménager la santé de l'enfant, de tâcher de lui faire un sang doux par le choix des aliments et par un régime de vie simple; c'est de régler ses repas, en sorte qu'il mange toujours à peu près aux mêmes heures[2]; qu'il mange assez souvent à proportion de son

---

1. *Des esprits* : des revenants.
2. Rousseau n'est pas de cet avis : « La seule habitude qu'on doit laisser prendre à l'enfant est de n'en contracter aucune; qu'on ne le porte pas plus sur un bras que sur l'autre; qu'on ne l'accoutume pas à présenter une main plutôt que l'autre, à s'en servir plus souvent, à vouloir manger, dormir, agir aux mêmes

besoin; qu'il ne mange point hors de son repas, parce
que c'est surcharger l'estomac pendant que la digestion
n'est pas finie; qu'il ne mange rien de haut goût[1] qui
l'excite à manger au delà de son besoin et qui le dégoûte des aliments plus convenables à sa santé; qu'enfin
on ne lui serve pas trop de choses différentes, car la
variété des viandes qui viennent l'une après l'autre soutient l'appétit après que le vrai besoin de manger est
fini.

Ce qu'il y a encore de très important, c'est de laisser
affermir les organes en ne pressant point l'instruction[2],

heures, à ne pouvoir rester seul ni nuit ni jour. Préparez de
loin le règne de sa liberté et l'usage de ses forces, en laissant à
son corps l'habitude naturelle, en le mettant en état d'être toujours maître de lui-même et de faire en toute chose sa volonté,
sitôt qu'il en aura une. » (Émile, livre I.) Malgré cette différence
d'appréciation en ce qui concerne les repas réguliers, au fond ce
que veulent les deux auteurs, c'est que l'enfant n'ait pas de
caprice. Rousseau reconnaît la légitimité de « l'habitude naturelle », et la régularité des repas, condition d'une bonne hygiène,
est certainement une de ces habitudes-là.

1. De haut goût : de fortement épicé ou assaisonné, de manière
à activer l'appétit, souvent outre mesure.

2. C'est là l'expression mesurée et raisonnable de cette doctrine bien connue de Rousseau, l'éducation négative jusqu'à
douze ans, doctrine qu'il a, dans l'Émile, poussée jusqu'au paradoxe : « Oserai-je exposer ici la plus grande, la plus importante,
la plus utile règle de toute l'éducation ? Ce n'est pas de gagner
du temps, c'est d'en perdre.... La première éducation doit être
purement négative... Si vous pouviez ne rien faire et ne rien
laisser faire ; si vous pouviez amener votre élève sain et robuste
à l'âge de douze ans, sans qu'il sût distinguer sa main droite de
sa main gauche, dès vos premières leçons les yeux de son en-
tendement s'ouvriraient à la raison ; sans préjugé, sans habitude,
il n'aurait rien en lui qui pût contrarier l'effet de vos soins.
Bientôt il deviendrait entre vos mains le plus sage des hommes ;
et, en commençant par ne rien faire, vous auriez fait un prodige
d'éducation. Prenez le contre-pied de l'usage, et vous ferez presque toujours bien. Comme on ne veut pas faire d'un enfant un
enfant, mais un docteur, les pères et les maîtres n'ont jamais
assez tôt tancé, corrigé, réprimandé, menacé, promis, instruit,

d'éviter tout ce qui peut allumer les passions, d'accoutumer doucement l'enfant à être privé des choses pour lesquelles il a témoigné trop d'ardeur, afin qu'il n'espère jamais d'obtenir [1] les choses qu'il désire.

Si peu que le naturel des enfants soit bon, on peut les rendre ainsi dociles, patients, fermes, gais et tranquilles ; au lieu que, si l'on néglige ce premier âge, ils y deviennent ardents et inquiets pour toute leur vie ; leur sang se brûle [2] ; les habitudes se forment ; le corps, encore tendre, et l'âme, qui n'a encore aucune pente vers aucun objet, se plient vers le mal ; il se fait en eux une espèce de second péché originel, qui est la source de mille désordres, quand ils sont plus grands.

Dès qu'ils sont dans un âge plus avancé, où leur raison est toute développée, il faut que toutes les paroles qu'on leur dit servent à leur faire aimer la vérité et à leur inspirer le mépris de toute dissimulation. Ainsi on ne doit jamais se servir d'aucune feinte pour les apaiser ou pour leur persuader ce qu'on veut : par là, on leur enseigne la finesse [3], qu'ils n'oublient jamais ; il faut les mener par la raison autant qu'on peut.

Mais examinons de plus près l'état des enfants, pour voir plus en détail ce qui leur convient. La substance de

parlé raison. Faites mieux : soyez raisonnable, et ne raisonnez point avec votre élève, surtout pour lui faire approuver ce qui lui déplaît ; car amener ainsi toujours la raison dans les choses désagréables, ce n'est que la lui rendre ennuyeuse et la décréditer de bonne heure dans un esprit qui n'est pas encore en état de l'entendre. Exercez son corps, ses organes, ses sens, ses forces, maintenez son âme oisive aussi longtemps qu'il se pourra... » (*Emile*, livre II.) Il est impossible d'unir aussi étroitement plus de bon sens et plus de sophismes.

1. Nous dirions aujourd'hui : qu'il n'espère jamais obtenir.

2. Dans cette expression, qui répondait, pour Fénelon, à une théorie physiologique en vogue de son temps, il ne faut voir aujourd'hui qu'une métaphore.

3. *La finesse :* c'est-à-dire le penchant à la ruse, à la dissimulation ; le mot est pris en mauvaise part.

leur cerveau est molle, et elle se durcit tous les jours [1]; pour leur esprit, il ne sait rien, tout lui est nouveau. Cette mollesse du cerveau fait que tout s'y imprime facilement, et la surprise de la nouveauté fait qu'ils admirent aisément et qu'ils sont fort curieux. Il est vrai aussi que cette humidité, cette mollesse du cerveau, jointe à une grande chaleur, lui donne un mouvement facile et continuel. De là vient cette agitation des enfants, qui ne peuvent arrêter leur esprit à aucun objet, non plus que leur corps en aucun lieu.

D'un autre côté, les enfants ne sachant encore rien penser ni faire d'eux-mêmes, ils remarquent tout, et ils parlent peu, si on ne les accoutume à parler beaucoup, et c'est de quoi il faut bien se garder [2]. Souvent le plaisir

1. Ici encore, et dans tout ce passage, Fénelon parle suivant les doctrines d'une physiologie systématique, que l'observation directe a, de nos jours, complètement démentie. Tout en constatant cette fausseté des principes sur lesquels il s'appuie, il n'en faut pas moins savoir gré à Fénelon d'avoir compris qu'il y a un rapport intime entre ce qu'on appelle la physiologie et la psychologie, c'est-à-dire que l'étude des facultés de notre âme doit être nécessairement rattachée à celle de nos organes et de leurs fonctions.

2. « Les enfants qu'on presse trop de parler n'ont le temps ni d'apprendre à bien prononcer ni de bien concevoir ce qu'on leur fait dire. Au lieu que, quand on les laisse aller d'eux-mêmes, ils s'exercent d'abord aux syllabes les plus faciles à prononcer, et, y joignant peu à peu quelque signification qu'on entend par leurs gestes, ils vous donnent leurs mots avant de recevoir les vôtres; cela fait qu'ils ne reçoivent ceux-ci qu'après les avoir entendus: n'étant point pressés de s'en servir, ils commencent par bien observer quel sens vous leur donnez, et, quand ils s'en sont assurés, ils les adoptent.

« Le plus grand mal de la précipitation avec laquelle on fait parler les enfants avant l'âge n'est pas que les premiers discours qu'on leur tient et les premiers mots qu'ils disent n'aient aucun sens pour eux, mais qu'ils aient un autre sens que le nôtre, sans que nous sachions nous en apercevoir; en sorte que, paraissant nous répondre fort exactement, ils nous parlent sans nous entendre et sans que nous les entendions. C'est pour l'or-

qu'on veut tirer des jolis enfants les gâte; on les accoutume à hasarder tout ce qui leur vient dans l'esprit et à
parler des choses dont ils n'ont pas encore de connaissances distinctes : il leur en reste toute leur vie l'habitude de juger avec précipitation et de dire des choses
dont ils n'ont point d'idées claires, ce qui fait un très
mauvais caractère d'esprit.

Ce plaisir qu'on veut tirer des enfants produit encore
un effet pernicieux : ils aperçoivent qu'on les regarde
avec complaisance, qu'on observe tout ce qu'ils font,
qu'on les écoute avec plaisir; par là, ils s'accoutument
à croire que le monde sera toujours occupé d'eux.

Pendant cet âge où l'on est applaudi et où l'on n'a
point encore éprouvé la contradiction, on conçoit des
espérances chimériques qui préparent des mécomptes
infinis pour toute la vie. J'ai vu des enfants qui croyaient
qu'on parlait d'eux toutes les fois qu'on parlait en secret, parce qu'ils avaient remarqué qu'on l'avait fait souvent; ils s'imaginaient n'avoir rien en eux que d'extraordinaire et d'admirable. Il faut donc prendre soin des
enfants sans leur laisser voir qu'on pense beaucoup à
eux. Montrez-leur que c'est par amitié et par le besoin
où ils sont d'être redressés que vous êtes attentif à leur
conduite, et non par l'admiration de leur esprit. Conten-

dinaire à de pareilles équivoques qu'est due la surprise où nous
jettent quelquefois leurs propos, auxquels nous prêtons des
idées qu'ils n'y ont point jointes. Cette inattention de notre part
au véritable sens que les mots ont pour les enfants me paraît être
la cause de leurs premières erreurs; et ces erreurs, même après
qu'ils s'en sont guéris, influent sur leur tour d'esprit pour le reste
de leur vie. » (J.-J. Rousseau, *Emile*, livre I.) Il va sans dire que
cette recommandation de Fénelon, sur laquelle Rousseau est d'accord avec lui, n'est point en contradiction avec le conseil qu'on
donne aux instituteurs et aux institutrices de faire parler les
enfants à l'école. Il s'agit ici du travers qui porte les parents à
faire bavarder les petits enfants sans rime ni raison, pour peu
qu'ils aient l'esprit un peu éveillé.

tez-vous de les former peu à peu selon les occasions qui
viennent naturellement : quand même vous pourriez
avancer beaucoup l'esprit d'un enfant sans le presser,
vous devriez craindre de le faire; car le danger de la
vanité et de la présomption est toujours plus grand que le
fruit de ces éducations prématurées qui font tant de bruit.

Il faut se contenter de suivre et d'aider la nature [1]. Les
enfants savent peu, il ne faut pas les exciter à parler ;
mais, comme ils ignorent beaucoup de choses, ils ont
beaucoup de questions à faire, aussi en font-ils beaucoup. Il suffit de leur répondre précisément [2] et d'ajouter
quelquefois certaines petites comparaisons pour rendre
plus sensibles les éclaircissements qu'on doit leur donner.
S'ils jugent de quelque chose sans le bien savoir, il faut
les embarrasser par quelque question nouvelle, pour leur
faire sentir leur faute sans les confondre rudement [3]. En
même temps, il faut leur faire apercevoir, non par des
louanges vagues, mais par quelque marque effective
d'estime, qu'on les approuve bien plus quand ils dou-
tent et qu'ils demandent ce qu'ils ne savent pas que
quand ils décident le mieux. C'est le vrai moyen de
mettre dans leur esprit, avec beaucoup de politesse,
une modestie véritable et un grand mépris pour les
contestations qui sont si ordinaires aux jeunes personnes peu éclairées.

1. C'est le principe même de la pédagogie de Rousseau ; l'*Émile*
tout entier n'est que le développement, souvent exagéré, de ce
principe.
2. *Précisément* : avec précision. Fénelon revient à plusieurs
reprises sur cette légitime curiosité des enfants. Voir surtout à la
page suivante.
3. C'est aussi le moyen de les conduire à découvrir eux-mêmes
la vérité. Cette série de questions successives, procédant par
voie d'analogie et s'appuyant sur ce que les enfants savent pour
leur faire trouver ce qu'ils ne savent pas, n'est autre chose que
ce qu'on appelle communément dans nos écoles la méthode
socratique.

Dès qu'il paraît que leur raison a fait quelque progrès, il faut se servir de cette expérience pour les prémunir contre la présomption. « Vous voyez, direz-vous, que vous êtes plus raisonnable maintenant que vous ne l'étiez l'année passée ; dans un an vous verrez encore des choses que vous n'êtes pas capable de voir aujourd'hui. Si, l'année passée, vous aviez voulu juger des choses que vous savez maintenant et que vous ignoriez alors, vous en auriez mal jugé. Vous auriez eu grand tort de prétendre savoir ce qui était au delà de votre portée. Il en est de même aujourd'hui des choses qui vous restent à connaître : vous verrez un jour combien vos jugements présents sont imparfaits. Cependant[1] fiez-vous aux conseils des personnes qui jugent comme vous jugerez vous-même quand vous aurez leur âge et leur expérience. »

La curiosité des enfants est un penchant de la nature qui va comme au-devant de l'instruction ; ne manquez pas d'en profiter. Par exemple, à la campagne ils voient un moulin et ils veulent savoir ce que c'est ; il faut leur montrer comment se prépare l'aliment qui nourrit l'homme. Ils aperçoivent des moissonneurs, et il faut leur expliquer ce qu'ils font, comment est-ce qu'on sème le blé et comment il se multiplie dans la terre. A la ville, ils voient des boutiques où s'exercent plusieurs arts[2] et où l'on vend diverses marchandises. Il ne faut jamais être importuné de leurs demandes ; ce sont des ouvertures que la nature vous offre pour faciliter l'instruction : témoignez y prendre plaisir ; par là, vous leur enseignerez insensiblement comment se font toutes les choses qui servent à l'homme et sur lesquelles roule le commerce. Peu à peu, sans étude particulière, ils

---

1. *Cependant :* en attendant, jusqu'à ce que ce jour soit arrivé.
2. *Plusieurs arts :* plusieurs arts mécaniques. On remarquera dans ce passage le principe des leçons de choses.

connaîtront la bonne manière de faire toutes ces choses
qui sont de leur usage, et le juste prix de chacune, ce
qui est le vrai fond de l'économie. Ces connaissances,
qui ne doivent être méprisées de personne, puisque
tout le monde a besoin de ne se pas laisser tromper
dans sa dépense, sont principalement nécessaires aux
filles [1].

1. On se préoccupe aujourd'hui de réaliser dans l'éducation
publique cette pensée de Fénelon, par exemple, dans les écoles
ménagères.

CHAPITRE IV

IMITATION A CRAINDRE

L'ignorance des enfants, dans le cerveau desquels rien n'est encore imprimé, et qui n'ont aucune habitude, les rend souples et enclins à imiter tout ce qu'ils voient. C'est pourquoi il est capital de ne leur offrir que de bons modèles. Il ne faut laisser approcher d'eux que des gens dont les exemples soient utiles à suivre; mais, comme il n'est pas possible qu'ils ne voient, malgré les précautions qu'on prend, beaucoup de choses irrégulières, il faut leur faire remarquer de bonne heure l'impertinence de certaines personnes vicieuses et déraisonnables, sur la réputation desquelles il n'y a rien à ménager; il faut leur montrer combien on est méprisé et digne de l'être, combien on est misérable quand on s'abandonne à ses passions et qu'on ne cultive point sa raison. On peut ainsi, sans les accoutumer à la moquerie, leur former le goût et les rendre sensibles aux vraies bienséances [1]. Il ne faut pas même

1. Faut-il voir ici une réminiscence d'Horace ? « Mon excellent père, dit le satirique latin, m'apprit à fuir les vices en me les montrant personnifiés dans des exemples. Ainsi, voulait-il m'exhorter à une vie économe et frugale, à me contenter de la fortune qu'il m'avait amassée : « Ne vois-tu pas, me disait-il, le fils « d'Albius? quelle déplorable existence! et la misère de Barrus!

s'abstenir de les prévenir en général sur certains défauts, quoiqu'on puisse craindre de leur ouvrir par là
les yeux sur les faiblesses des gens qu'ils doivent respecter : car, outre qu'on ne doit pas espérer et qu'il
n'est point juste de les entretenir dans l'ignorance des
véritables règles là-dessus, d'ailleurs le plus sûr moyen
de les tenir dans leur devoir est de leur persuader
qu'il faut supporter les défauts d'autrui, qu'on ne doit
pas même en juger légèrement, qu'ils paraissent souvent plus grands qu'ils ne sont, qu'ils sont réparés par
des qualités avantageuses, et que, rien n'étant parfait
sur la terre, on doit admirer ce qui a le moins d'imper-
fection ; enfin, quoiqu'il faille réserver de telles instructions pour l'extrémité [1], il faut pourtant leur donner les
vrais principes et les préserver d'imiter tout le mal
qu'ils ont devant les yeux.

Il faut aussi les empêcher de contrefaire les gens ridicules ; car ces manières moqueuses et comédiennes [2] ont
quelque chose de bas et de contraire aux sentiments

« grande leçon pour ces dissipateurs tentés de manger leur patri-
« moine ! .....» Ainsi formait-il mon enfance par ses discours. S'il
voulait me pousser dans une bonne voie : « N'hésite pas, voilà
ton guide. » C'était un des juges choisis par le préteur. M'éloigner d'une mauvaise : « C'est honteux, c'est mal : en peux-tu
« douter quand tu vois tel et tel flétri par la censure publique ? »
De même que l'enterrement de son voisin terrifie le malade
affamé et l'oblige de s'observer de peur de prendre la même
route, ainsi l'ignominie des autres détourne souvent du vice une
âme encore tendre. » (Horace, *Satires*, livre I, satire IV, traduc-
tion de M. Nisard.) Malgré l'exemple d'Horace et l'autorité de
Fénelon, il faut remarquer que ce qui est possible dans la famille
ne l'est pas toujours dans l'éducation publique. A moins de circonstances tout à fait exceptionnelles, comme, par exemple, d'un
scandale public dont il peut être utile de tirer une leçon pour
les enfants, l'école, quand il s'agit de critiquer ce qui est mal,
doit s'abstenir rigoureusement de toute personnalité.

1. *Pour l'extrémité :* pour les cas extrêmes, pour les circonstances où l'on ne peut faire autrement.

2. *Ces manières... comédiennes :* feintes, affectées.

honnêtes ; il est à craindre que les enfants ne les prennent, parce que la chaleur de leur imagination et la souplesse de leur corps, jointes à leur enjouement, leur font aisément prendre toutes sortes de formes pour représenter ce qu'ils voient de ridicule.

Cette pente à imiter qui est dans les enfants produit des maux infinis quand on les livre à des gens sans vertu qui ne se contraignent guère devant eux. Mais Dieu a mis, par cette pente, dans les enfants de quoi se plier facilement à tout ce qu'on leur montre pour le bien. Souvent, sans leur parler, on n'aurait qu'à leur faire voir en autrui ce qu'on voudrait qu'ils fissent [1].

1. Il serait surtout à souhaiter que les enfants trouvassent ce modèle dans leur maître ou dans leur maîtresse. V. le chapitre XIII, sur les gouvernantes.

CHAPITRE V

INSTRUCTIONS INDIRECTES : IL NE FAUT PAS PRESSER LES ENFANTS

Je crois même qu'il faudrait souvent se servir de ces instructions indirectes, qui ne sont point ennuyeuses comme les leçons et les remontrances, seulement pour éveiller leur attention sur les exemples qu'on leur donnerait.

Une personne pourrait demander quelquefois devant eux à une autre : « Pourquoi faites-vous cela ? » et l'autre répondrait : « Je le fais par telle raison. » Par exemple : « Pourquoi avez-vous avoué votre faute ? — C'est que j'en aurais fait encore une plus grande de la désavouer lâchement par un mensonge, et qu'il n'y a rien de plus beau que de dire franchement : J'ai tort. » Après cela, la première personne peut louer celle qui s'est ainsi accusée elle-même; mais il faut que tout cela se fasse sans affectation, car les enfants sont bien plus pénétrants qu'on ne croit, et, dès qu'ils ont aperçu quelque finesse dans ceux qui les gouvernent, ils perdent la simplicité et la confiance qui leur sont naturelles[1].

1. Fénelon semble accepter ici, comme procédé d'éducation, ces petites scènes convenues et arrangées à l'avance, dont Rousseau use et abuse dans l'*Émile* (la scène du jardinier Robert, du

Nous avons remarqué que le cerveau des enfants est tout ensemble chaud et humide, ce qui leur cause un mouvement continuel [1]. Cette mollesse du cerveau fait que toutes choses s'y impriment facilement et que les images de tous les objets sensibles y sont très vives : ainsi, il faut se hâter d'écrire dans leurs têtes, pendant que les caractères s'y forment aisément. Mais il faut bien choisir les images qu'on y doit graver; car on ne doit verser dans un réservoir si petit et si précieux que des choses exquises : il faut se souvenir qu'on ne doit à cet âge verser dans les esprits que ce qu'on souhaite qui y demeure toute la vie. Les premières images gravées pendant que le cerveau est encore mou et que rien n'y est écrit sont les plus profondes. D'ailleurs elles se durcissent à mesure que l'âge dessèche le cerveau; ainsi, elles deviennent ineffaçables : de là vient que, quand on est vieux, on se souvient distinctement des choses de la jeunesse, quoique éloignées; au lieu qu'on se souvient moins de celles qu'on a vues dans un âge plus avancé, parce que les traces en ont été faites dans le cerveau lorsqu'il était déjà desséché et plein d'autres images.

Quand on entend faire ces raisonnements, on a peine à les croire. Il est pourtant vrai qu'on raisonne de même sans s'en apercevoir. Ne dit-on pas tous les

saltimbanque, etc.). Ce procédé, en dépit des précautions qu'indique Fénelon, a toujours l'inconvénient de violer la vérité. Que l'enfant s'en aperçoive ou non, il n'en est pas moins une « finesse », et il ne faut point de finesse dans l'éducation des enfants.

1. Nous avons déjà relevé (voir la note 2 de la page 17 et la note 1 de la page 18) les fausses doctrines physiologiques qui se rencontrent çà et là dans l'ouvrage de Fénelon. La science physiologique date d'hier, et Fénelon suit ici, comme Bossuet, dans le *Traité de la connaissance de Dieu et de soi-même*, les opinions de son temps. Ces erreurs physiologiques n'ôtent rien, d'ailleurs, à la justesse des conseils pédagogiques que le passage contient.

jours : « J'ai pris mon pli ; je suis trop vieux pour changer ; j'ai été nourri [1] de cette façon ? » D'ailleurs ne sent-on pas un plaisir singulier à rappeler les images de la jeunesse ? Les plus fortes inclinations ne sont-elles pas celles qu'on a prises à cet âge ? Tout cela ne prouve-t-il pas que les premières impressions et les premières habitudes sont les plus fortes ? Si l'enfance est propre à graver des images dans le cerveau, il faut avouer qu'elle l'est moins au raisonnement. Cette humidité du cerveau, qui rend les impressions faciles, étant jointe à une grande chaleur, fait une agitation qui empêche toute application suivie [2].

Le cerveau des enfants est comme une bougie allumée dans un lieu exposé au vent : sa lumière vacille toujours. L'enfant vous fait une question ; et, avant que vous répondiez, ses yeux s'enlèvent vers le plancher, il compte toutes les figures qui y sont peintes, ou tous les morceaux de vitres qui sont aux fenêtres ; si vous voulez le ramener à son premier objet, vous le gênez comme si vous le teniez en prison. Ainsi, il faut ménager avec grand soin les organes, en attendant qu'ils s'affermissent : répondez-lui promptement à sa question, et laissez-lui en faire d'autres à son gré. Entretenez seulement sa curiosité, et faites dans sa mémoire un amas de bons matériaux ; viendra le temps qu'ils s'assembleront d'eux-mêmes et que, le cerveau ayant plus de consistance, l'enfant raisonnera de suite. Cependant bornez-vous à le redresser quand il ne raisonnera pas juste et à lui faire sentir sans empressement, selon les ouvertures qu'il vous donnera, ce que c'est que tirer une conséquence.

Laissez donc jouer un enfant, et mêlez l'instruction avec le jeu ; que la sagesse ne se montre à lui que par

1. *Nourri* : élevé, instruit.
2. Voyez la note de la page précédente.

intervalles, et avec un visage riant : gardez-vous de le fatiguer par une exactitude indiscrète[1].

Si l'enfant se fait une idée triste et sombre de la vertu, si la liberté et le dérèglement se présentent à lui sous une figure agréable, tout est perdu, vous travaillez en vain[2]. Ne le laissez jamais flatter par de petits esprits ou

1. *Par une exactitude indiscrète :* en ne lui passant rien, et d'autre part, en l'obligeant à un retour perpétuel et monotone des mêmes exercices.

2. Ces sentiments de Fénelon sur la douceur de l'éducation sont d'autant plus méritoires que toute son époque ne les partageait guère. Sauf dans les écoles de Port-Royal, où la discipline était fort affectueuse, mais que Fénelon n'a guère connues, les enfants, même ceux des plus hautes familles, étaient élevés en général avec la plus dure sévérité. Il faut lire, par exemple, dans les mémoires d'un gentilhomme servant de Louis XIII et de Louis XIV, Dubois, qui fut attaché dans sa vieillesse à la personne du premier Dauphin, les détails des corrections quotidiennement infligées au pauvre prince sur l'ordre de Bossuet, son précepteur, et de la propre main de son gouverneur, M. de Montausier. Tout le long de ces mémoires, rédigés au jour le jour, il n'est question que de férules. Nous en prenons un passage au hasard. Le 20 septembre 1661, — le Dauphin avait à peu près dix ans, — deux férules; le 21, férules le matin et le soir. Le 22 au matin, férules ; l'après-midi, point ; mais nous eûmes grand'peur. » Le 23 et le 24, tout va bien. Mais, le 25 au matin, M. de Montausier lui donne « une très rude férule, au point que Monseigneur avait la main enflée, douloureuse et tremblante, qu'il ne pouvait achever ni continuer son thème. » Le 26, férules au matin ; le soir alla mieux. Le 27, M. de Montausier part pour Rambouillet ; plus de férules jusqu'à son retour. Et de même à toutes les pages. Il y avait un certain appartement bas de la conciergerie de Fontainebleau, qui était funeste au Dauphin, comme le remarque Dubois. Pendant qu'il était petit, sa première femme de chambre, en le déshabillant pour le coucher, l'avait « battu comme plâtre ». Dans ce même appartement, un jour qu'il avait manqué un mot en récitant l'oraison dominicale en français, M. de Montausier « se jeta dessus lui à coups de poing de toute sa force », à tel point que Dubois crut qu'il l'assommerait. C'était encore en 1671. « A peu de temps, lisons-nous encore dans les mémoires de Dubois, M. de Montausier arriva ; M. de Condom (Bossuet) lui ayant dit

par des gens sans règle : on s'accoutume à aimer les mœurs et les sentiments des gens qu'on aime; le plaisir qu'on trouve d'abord avec les malhonnêtes gens fait peu à peu estimer ce qu'ils ont même de méprisable.

ce qui s'était passé, M. de Montausier lui dit : « Monsieur, vous pouvez tout; pour moi, je ne suis que l'exécuteur des hautes œuvres. » Triste mot pour l'un comme pour l'autre. (*Fragments des Mémoires inédits de Dubois, gentilhomme servant du roi, valet de chambre de Louis XIII et de Louis XIV, Bibliothèque de l'école des Chartes*, 2ᵉ série, tome IV.) Hâtons-nous d'ajouter que, malgré cette excessive rigueur, il n'est pas douteux que Bossuet n'aimât son élève. « Vous seriez ravi, écrivait-il en 1672 au maréchal de Bellefonds, si je vous disais les questions qu'il me fait et le désir qu'il me fait paraître de bien servir Dieu. Mais le monde, le monde, les plaisirs, les mauvais conseils, les mauvais exemples! Sauvez-nous, Seigneur, sauvez-nous ; j'espère en votre bonté et en votre grâce ; vous avez bien préservé les enfants de la fournaise, mais vous envoyâtes votre ange ; et moi, hélas ! qui suis-je? Humilité, tremblement, enfoncement dans son néant propre, confiance, persévérance, travail assidu, patience. Abandonnons-nous à Dieu sans réserve, et tâchons de vivre selon l'Évangile.... » Quoi qu'il en soit, si l'on traitait aussi brutalement — le mot n'est pas trop fort — le futur roi de France, que doit-on penser que devait être l'éducation des autres petits Français? Et, en effet, dans la *Conduite des écoles chrétiennes*, du P. de la Salle, on trouve ce qu'on pourrait appeler la pratique pédagogique des châtiments corporels : comment on doit donner une férule et dans quels cas; où et comment on doit donner le fouet; quels sont les sentiments qu'on doit suggérer à l'enfant en lui donnant le fouet, etc., etc. ; le pieux pédagogue entre dans des détails inimaginables. A Saint-Cyr, sous la direction pourtant maternelle de Mme de Maintenon, les demoiselles, les petites sans doute, n'étaient pas complètement exemptes de châtiments corporels : « Il ne faut rien promettre aux enfants qu'on ne leur tienne, soit récompense, soit châtiment. Ne les point corriger mollement, mais user rarement du fouet ; et, quand on le donne, le faire craindre pour toujours, afin qu'on ne recommence pas, ce qui doit être onéreux. » Note de 1690, *Lettres et entretiens sur l'éducation des filles*, par Mme de Maintenon, édition Th. Lavallée, t. I, p. 54. (Voyez aussi dans l'*Histoire critique des doctrines de l'éducation en France* de M. Compayré, II, livre VII, ch. I, le passage sur l'*orbilianisme*.) — Remarquons, d'ailleurs, qu'il ne faudrait pas exagérer les principes de douceur

Pour rendre les gens de bien agréables aux enfants, faites-leur remarquer ce qu'ils ont d'aimable et de commode[1] : leur sincérité, leur modestie, leur désintéressement, leur fidélité, leur discrétion, mais surtout leur piété, qui est la source de tout le reste.

Si quelqu'un d'entre eux a quelque chose de choquant, dites : « La piété ne donne point ces défauts-là ; quand elle est parfaite, elle les ôte, ou du moins elle les adoucit. » Après tout, il ne faut point s'opiniâtrer à faire goûter aux enfants certaines personnes pieuses dont l'extérieur est dégoûtant[2].

Quoique vous veilliez sur vous-même pour n'y laisser rien voir que de bon, n'attendez pas que l'enfant ne trouve jamais un défaut en vous ; souvent il apercevra jusqu'à vos fautes les plus légères.

Saint Augustin nous apprend qu'il avait remarqué dès son enfance la vanité de ses maîtres sur les études. Ce que vous avez de meilleur et de plus pressé à faire, c'est de connaître vous-même vos défauts aussi bien que l'enfant les connaîtra, et de vous en faire avertir par des amis sincères. D'ordinaire, ceux qui gouvernent les enfants ne leur pardonnent rien et se pardonnent tout à eux-mêmes ; cela excite dans les enfants un esprit de critique et de malignité ; de façon que, quand ils ont vu faire quelque faute à la personne qui les gouverne, ils en sont ravis et ne cherchent qu'à la mépriser.

---

et de bienveillance dans l'éducation, jusqu'à supprimer, de la part des enfants, comme le veulent quelques-uns, tout effort personnel. L'effort, l'application de la volonté à une tâche donnée est la condition même de la moralité du travail ; c'est aussi le meilleur gage de son efficacité au point de vue du profit intellectuel.

1. *De commode :* de facile, d'agréable, de prévenant.

2. *Dégoûtant :* disgracieux, désagréable. Le mot n'avait pas, du temps de Fénelon, la force que notre langue lui donne aujourd'hui.

Evitez cet inconvénient : ne craignez point de parler des défauts qui sont visibles en vous et des fautes qui vous auront échappé devant l'enfant. Si vous le voyez capable d'entendre raison là-dessus, dites-lui que vous voulez lui donner l'exemple de se corriger de ses défauts, en vous corrigeant des vôtres : par là, vous tirerez de vos imperfections mêmes de quoi instruire et édifier l'enfant, de quoi l'encourager pour sa correction; vous éviterez même le mépris et le dégoût que vos défauts pourraient lui donner pour votre personne [1].

En même temps il faut chercher tous les moyens de rendre agréables à l'enfant les choses que vous exigez de lui. En avez-vous quelqu'une de fâcheuse à proposer, faites-lui entendre que la peine sera bientôt suivie du plaisir : montrez-lui toujours l'utilité des choses que vous lui enseignez; faites-lui en voir l'usage par rapport au commerce du monde et aux devoirs des conditions [2]. Sans cela, l'étude lui paraît un travail abstrait, stérile et épineux. « A quoi sert, disent-ils en eux-mêmes, d'apprendre toutes ces choses dont on ne parle point dans les conversations et qui n'ont aucun rapport à tout ce qu'on est obligé de faire ? » Il faut donc leur rendre raison de tout ce qu'on leur enseigne. « C'est, leur direz-vous, pour vous mettre en état de bien faire ce que vous ferez un jour; c'est pour vous former le jugement; c'est pour vous accoutumer à bien raisonner sur toutes les affaires de la vie. » Il faut toujours leur

1. Cela ne peut se faire, bien entendu, que lorsqu'on est bien sûr d'inspirer pleine confiance aux enfants.

2. Faites-lui voir que ce que vous lui enseignez lui est utile, soit pour faciliter ses rapports avec la société, soit pour l'exercice de sa profession, s'il en a une, etc., dans tous les cas, pour tenir convenablement dans le monde la place à laquelle il a droit. Nous généralisons un peu ici la pensée de Fénelon, qui avait surtout en vue, dans son traité, les personnes de condition et de fortune.

montrer un but solide et agréable qui les soutienne
dans le travail, et ne prétendre jamais les assujettir par
une autorité sèche et absolue.

A mesure que leur raison augmente, il faut aussi de
plus en plus raisonner avec eux sur les besoins de leur
éducation, non pour suivre toutes leurs pensées, mais
pour en profiter lorsqu'ils feront connaître leur état
véritable, pour éprouver leur discernement, et pour leur
faire goûter les choses qu'on veut qu'ils fassent [1].

Ne prenez jamais sans une extrême nécessité un air
austère et impérieux qui fait trembler les enfants. Souvent c'est affectation et pédanterie dans ceux qui gouvernent; car, pour les enfants, ils ne sont d'ordinaire
que trop timides et honteux. Vous leur fermeriez le
cœur et leur ôteriez la confiance, sans laquelle il n'y a
nul fruit à espérer de l'éducation. Faites-vous aimer
d'eux; qu'ils soient libres avec vous, et qu'ils ne crai-
gnent point de vous laisser voir leurs défauts. Pour y
réussir, soyez indulgent à ceux qui ne se déguisent point
devant vous. Ne paraissez ni étonné ni irrité de leurs
mauvaises inclinations; au contraire, compatissez à
leurs faiblesses. Quelquefois il en arrivera cet inconvénient, qu'ils seront moins retenus par la crainte; mais,
à tout prendre, la confiance et la sincérité leur sont plus
utiles que l'autorité rigoureuse.

D'ailleurs l'autorité ne laissera pas de trouver sa place,
si la confiance et la persuasion ne sont pas assez fortes;
mais il faut toujours commencer par une conduite
ouverte, gaie, et familière sans bassesse, qui vous donne

---

1. Fénelon se rencontre ici avec Locke, qui veut qu'on rem-
place peu à peu, dans l'éducation des enfants, le commandement
par les conseils et même par la discussion. C'est un procédé
qu'il ne faudrait pas généraliser et qui demande beaucoup de
tact, même avec les enfants les plus intelligents et les plus raisonnables.

le moyen de voir agir les enfants dans leur état naturel et de les connaître à fond. Enfin, quand même vous les réduiriez par l'autorité à observer toutes vos règles, vous n'iriez pas à votre but; tout se tournerait en formalités gênantes et peut-être en hypocrisie; vous les dégoûteriez du bien, dont vous devez chercher uniquement de leur inspirer l'amour[1].

Si le Sage a toujours recommandé aux parents de tenir la verge assidûment levée sur les enfants[2], s'il a dit qu'un père qui se joue avec son fils pleurera dans la suite, ce n'est pas qu'il ait blâmé une éducation douce et patiente; il condamne seulement ces parents faibles et inconsidérés qui flattent les passions de leurs enfants et qui ne cherchent qu'à s'en divertir pendant leur enfance, jusqu'à leur souffrir toutes sortes d'excès.

Ce qu'il en faut conclure est que les parents doivent toujours conserver de l'autorité pour la correction, car il y a des naturels qu'il faut dompter par la crainte; mais, encore une fois, il ne faut le faire que quand on ne saurait faire autrement.

Un enfant qui n'agit encore que par imagination, et qui confond dans sa tête les choses qui se présentent à lui liées ensemble, hait l'étude et la vertu, parce qu'il est prévenu d'aversion pour la personne qui lui en parle.

Voilà d'où vient cette idée si sombre et si affreuse de la piété, qu'il retient toute sa vie: c'est souvent tout ce qui lui reste d'une éducation sévère. Souvent il faut tolérer des choses qui auraient besoin d'être corrigées, et attendre le moment où l'esprit de l'enfant sera disposé à profiter de la correction. Ne le reprenez jamais ni dans son premier mouvement ni dans le vôtre. Si vous le faites dans le vôtre, il s'aperçoit que vous agissez par

1. Nous dirions aujourd'hui : chercher à...
2. « Celui qui épargne la verge hait son fils; mais celui qui l'aime s'applique à le corriger. » (*Proverbes*, XIII, 24.)

humeur et par promptitude, et non par raison et par amitié; vous perdez sans ressource votre autorité. Si vous le reprenez dans son premier mouvement, il n'a pas l'esprit assez libre pour avouer sa faute, pour vaincre sa passion[1] et pour sentir l'importance de vos avis; c'est même exposer l'enfant à perdre le respect qu'il vous doit. Montrez-lui toujours que vous vous possédez, rien ne le lui fera mieux voir que votre patience. Observez tous les moments pendant plusieurs jours, s'il le faut, pour bien placer une correction. Ne dites point à l'enfant son défaut sans ajouter quelque moyen de le surmonter qui l'encourage à le faire; car il faut éviter le chagrin et le découragement que la correction inspire quand elle est sèche. Si l'on trouve un enfant un peu raisonnable, je crois qu'il faut l'engager insensiblement à demander qu'on lui dise ses défauts; c'est le moyen de les lui dire sans l'affliger; ne lui en dites même jamais plusieurs à la fois.

Il faut considérer que les enfants ont la tête faible, que leur âge ne les rend encore sensibles qu'au plaisir, et qu'on leur demande souvent une exactitude et un sérieux dont ceux qui l'exigent seraient incapables[2]. On fait même une dangereuse impression d'ennui et de tristesse sur leur tempérament, en leur parlant toujours des mots et des choses qu'ils n'entendent point : nulle liberté, nul

1. « Il est aussi difficile de fixer des idées nettes dans une âme agitée par la frayeur que de bien écrire sur un papier qui tremble. » Locke, Some Thoughts concerning Education (1693), cité par M. Compayré, II, liv. V, ch. I, III, p. 27 de l'édition in-12.

2. Beaumarchais met plaisamment dans la bouche de Figaro une critique analogue des exigences des maîtres à l'égard de leurs serviteurs : « Aux vertus qu'on exige dans un domestique, dit Figaro au comte Almaviva, Votre Excellence connaît-elle beaucoup de maîtres qui fussent dignes d'être valets? » (Barbier de Séville, I, 2.)

enjouement; toujours leçons, silence, posture gênée,
correction et menaces.

Les anciens l'entendaient bien mieux : c'est par le
plaisir des vers et de la musique que les principales
sciences, les maximes des vertus et la politesse des
mœurs s'introduisirent chez les Hébreux, chez les Égyp-
tiens et chez les Grecs. Les gens sans lecture ont peine
à le croire, tant cela est éloigné de nos coutumes. Cependant, si peu qu'on connaisse l'histoire, il n'y a pas
moyen de douter que ce n'ait été la pratique vulgaire de
plusieurs siècles. Du moins retranchons-nous, dans le
nôtre, à joindre l'agréable à l'utile autant que nous le
pouvons.

Mais, quoiqu'on ne puisse guère espérer de se passer
toujours d'employer la crainte pour le commun des
enfants, dont le naturel est dur et indocile, il ne faut
pourtant y avoir recours qu'après avoir éprouvé patiem-
ment tous les autres remèdes. Il faut même toujours
faire entendre distinctement aux enfants à quoi se réduit tout ce qu'on leur demande, et moyennant quoi on
sera content d'eux; car il faut que la joie et la confiance
soient leur disposition ordinaire ; autrement on obscurcit
leur esprit, on abat leur courage; s'ils sont vifs, on les
irrite; s'ils sont mous, on les rend stupides[1]. La crainte est
comme les remèdes violents qu'on emploie dans les maladies extrêmes; ils purgent, mais ils altèrent le tempérament et usent les organes : une âme menée par la
crainte en est toujours plus faible.

1. « Je n'ai vu autre effet aux verges, sinon de rendre les
âmes plus lâches, ou plus malicieusement opiniâtres. » (Montaigne, Essais, II, viii, De l'affection des pères aux enfants). Sur
tout ce que dit Fénelon de la douceur de la discipline, du caractère agréable et divertissant que doit avoir l'éducation, surtout
la première éducation, on trouverait de nombreux points de
comparaison dans ce chapitre de Montaigne, et aussi dans le
chapitre XXV du livre Ier des Essais : De l'institution des enfants.

Au reste, quoiqu'il ne faille pas toujours menacer sans châtier, de peur de rendre les menaces méprisables, il faut pourtant châtier encore moins qu'on ne menace[1]. Pour les châtiments, la peine doit être aussi légère qu'il est possible, mais accompagnée de toutes les circonstances qui peuvent piquer l'enfant de honte et de remords : par exemple, montrez-lui tout ce que vous avez fait pour éviter cette extrémité; paraissez-lui-en affligé; parlez devant lui avec d'autres personnes du malheur de ceux qui manquent de raison et d'honneur jusqu'à se faire châtier; retranchez les marques d'amitié ordinaires jusqu'à ce que vous voyiez qu'il ait besoin de consolation; rendez ce châtiment public ou secret, selon que vous jugerez qu'il sera plus utile à l'enfant, ou de lui causer une grande honte, ou de lui montrer qu'on la lui épargne; réservez cette honte publique pour servir de dernier remède; servez-vous quelquefois d'une personne raisonnable qui console l'enfant, qui lui dise ce que vous ne devez pas alors lui dire vous-même, qui le guérisse de la mauvaise honte, qui le dispose à revenir à vous, et à qui l'enfant, dans son émotion, puisse ouvrir son cœur plus librement qu'il n'oserait le faire devant vous. Mais surtout qu'il ne paraisse jamais que vous demandiez de l'enfant que les soumissions nécessaires[2]; tâchez de faire en sorte qu'il s'y condamne lui-même, qu'il s'exécute de bonne grâce

1. C'est là un principe douteux, surtout dans l'éducation publique. On peut avertir les enfants, leur annoncer qu'on les punira, s'ils font telle ou telle faute ; mais, une fois la punition prononcée, il faut qu'elle soit certaine, que l'enfant sache bien que, à moins de circonstances tout à fait exceptionnelles, il devra la subir. L'enfant ne tient aucun compte des menaces qu'on n'exécute point.

2. *Qu'il ne paraisse jamais*, etc. : qu'il ne paraisse jamais, dans votre manière de faire, que vous réclamiez de l'enfant autre chose que les soumissions nécessaires.

et qu'il ne vous reste qu'à adoucir la peine qu'il aura acceptée. Chacun doit employer les règles générales selon les besoins particuliers : les hommes, et surtout les enfants, ne se ressemblent pas toujours à eux-mêmes; ce qui est bon aujourd'hui est dangereux demain; une conduite toujours uniforme ne peut être utile.

Le moins qu'on peut faire de leçons en forme, c'est le meilleur[1]. On peut insinuer une infinité d'instructions plus utiles que les leçons mêmes dans des conversations gaies. J'ai vu divers enfants qui ont appris à lire en se jouant : on n'a qu'à leur raconter des choses divertissantes[2] qu'on tire d'un livre en leur présence, et leur faire connaître insensiblement les lettres; après cela, ils souhaitent d'eux-mêmes de pouvoir aller à la source de ce qui leur a donné du plaisir.

Les deux choses qui gâtent tout, c'est qu'on leur fait apprendre à lire d'abord en latin[3], ce qui leur ôte tout le

---

1. Dans l'éducation publique, qui est et qui sera toujours une nécessité, à supposer même qu'elle ne vaille pas mieux, idéalement parlant, que l'éducation exclusivement donnée dans la famille, on ne peut éviter les leçons en forme; mais on en atténue les inconvénients par une alternance systématique qui soutient l'attention et réduit l'effort, par des repos après chaque leçon, de petites récréations, des chants, des mouvements, etc.

2. L'insistance de Fénelon à tourner l'étude en jeu, à divertir les enfants, pourrait donner lieu à une interprétation exagérée contre laquelle il faut se prémunir, surtout dans l'école. L'instituteur n'a pas mission d'amuser les enfants ; c'est un soin dont ils s'acquitteront toujours mieux que lui, comme le dit Fénelon lui-même un peu plus loin (V. p. 43); mais il doit chercher à les intéresser, et de là l'emploi de toutes sortes de moyens qui, sans aller jusqu'au jeu, plaisent à l'enfant, excitent sa curiosité, réjouissent son imagination, etc.

3. C'est, en effet, par le latin que, du temps de Fénelon, on commençait l'étude de la lecture, et le préjugé qui avait fait adopter cette pratique subsistait au XVIIIe siècle, puisque Rollin l'accepte encore, sauf pour les écoles populaires.

« De quelque méthode que l'on se serve, dit-il, pour appren-

plaisir de la lecture, et qu'on veut les accoutumer à lire

dre à lire..., l'on demande s'il faut commencer la lecture par le français ou par le latin.

« Il semble qu'il n'y a aucun danger à commencer d'abord par le latin, parce que dans cette langue tout se prononce uniformément et que le son répond toujours à l'expression des caractères qui se présentent à la vue, ce qui facilite beaucoup la lecture ; au lieu que, dans le français, il y a quantité de lettres qu'on n'exprime point par le son ou qu'on prononce tantôt d'une façon, tantôt d'une autre. Mais, comme la lecture du latin ne présente à l'enfant que des sons vides de sens, et que l'ennui doit naturellement accompagner un exercice où il ne comprend rien, on ne saurait trop tôt l'amener au français, afin que le sens l'aide à lire et l'habitue à penser.

« Je crois pourtant qu'il y a ici une distinction à faire. Des personnes instruites à fond par une longue expérience de tout ce qui regarde les écoles, et que j'ai consultées sur cette matière, sont persuadées que, dans les écoles des pauvres et dans celles de la campagne, il est nécessaire de commencer par la lecture du français ; et j'entre fort dans leur sentiment. Car, outre que les enfants apprennent à lire plus volontiers quand ils entendent ce qu'ils lisent, et que l'on sait par expérience que, lorsqu'ils savent lire le français, ils peuvent lire le latin, une raison beaucoup plus forte justifie cet usage. On voit communément, soit à la ville, soit à la campagne, que les pères et mères retirent leurs enfants des écoles aussitôt qu'ils peuvent en tirer quelques services. De là il arrive souvent, quand on commence par le latin, que les enfants sortent des écoles avant qu'ils sachent lire en français, et qu'ils sont privés pour toute leur vie de l'avantage qu'ils tireraient pour leur salut de la lecture des livres de piété. » (*Traité des études*, liv. I, chap. I, § 2 : De la lecture et de l'écriture.)

Dans les écoles populaires que dirigeaient les frères des Écoles chrétiennes, conformément aux prescriptions de la *Conduite des Écoles chrétiennes* du P. de La Salle, on commençait à apprendre à lire en français. « Le livre dans lequel on apprendra à lire dans le latin, dit la *Conduite*, est le Psautier ; on ne mettra dans cette leçon que ceux qui sauront parfaitement lire dans le français. » A Port-Royal, on apprenait à lire dans un livre français. « Et d'abord, dit Sainte-Beuve, pour partir de l'*a b c*, on trouvait que c'était une faute très grande de commencer, comme on faisait d'ordinaire, à montrer à lire aux enfants par le latin, et non par le français. » Ce premier pas, ajoute Sainte-Beuve, indique trop bien où en était alors la méthode d'instruc-

avec une emphase forcée et ridicule[1]. Il faut leur donner
un livre bien relié, doré même sur la tranche, avec de
belles images et des caractères bien formés. Tout ce qui
réjouit l'imagination facilite l'étude : il faut tâcher de
choisir un livre plein d'histoires courtes et merveilleuses.
Cela fait, ne soyez pas en peine que l'enfant n'apprenne
à lire : ne le fatiguez pas même pour le faire lire exactement[2], laissez-le prononcer naturellement comme il
parle; les autres tons sont toujours mauvais et sentent
la déclamation du collège : quand sa langue sera dé-
nouée, sa poitrine plus forte et l'habitude de lire plus

tion élémentaire. Comme si d'apprendre à lire n'était pas en soi
une chose assez ingrate pour des enfants, on s'obstinait — le
croirait-on bien ? — à les faire épeler sur du latin, sur une langue qu'ils ne connaissaient aucunement. On y passait *trois* et
quatre années. L'esprit pédantesque est ingénieux à se créer des
difficultés, comme s'il n'y en avait pas assez, soit de la part des
choses, soit de la part des inclinations ou aversions naturelles.
Bien loin de chercher à s'accabler de ces mille difficultés inu-
tiles, on pensait à Port-Royal « qu'il faut tellement aider les éco-
« liers en tout ce qu'on peut, qu'on leur rende l'étude même,
« s'il est possible, plus agréable que le jeu et les divertisse-
« ments. » Nous rentrons, ici du moins, dans la nature, dans la
voie large et simple; un souffle de Montaigne a passé par là. »
(*Port-Royal*, III, p. 511). Fénelon, comme le remarque Sainte-
Beuve, donne les mêmes conseils. On sait, d'ailleurs, que mes-
sieurs de Port-Royal poussaient fort loin l'art d'apprendre à
lire ; qu'on leur doit ce qu'on appelle aujourd'hui la nouvelle
appellation des consonnes, et que la méthode qu'ils employaient,
méthode dont l'inventeur ne serait autre que Pascal, consistait
« à ne faire prononcer aux enfants que les voyelles et les
diphtongues seulement, et non les consonnes, lesquelles il ne
leur faut faire prononcer que dans les diverses combinaisons
qu'elles ont avec les mêmes voyelles ou diphtongues, dans les
syllabes et les mots. » (*Ibid.*, p. 512.) C'est aussi Port-Royal qui
s'est servi le premier de ce qu'on appelle aujourd'hui les plumes
de fer.

1. Fénelon fait ici allusion à un usage ridicule de déclamation
qui était de règle dans tous les collèges.

2. Il va de soi que ce conseil ne peut pas être suivi dans une
école.

grande, il lira sans peine, avec plus de grâce et plus distinctement.

La manière d'enseigner à écrire doit être à peu près
de même. Quand les enfants savent déjà un peu lire [1], on
leur peut faire un divertissement de former des lettres ; et,
s'ils sont plusieurs ensemble, il faut y mettre de l'émulation. Les enfants se portent d'eux-mêmes à faire des
figures sur le papier [2] : si peu qu'on aide à cette inclination sans la gêner trop, ils formeront des lettres en se
jouant et s'accoutumeront peu à peu à écrire. On peut
même les y exciter en leur promettant quelque récompense qui soit de leur goût et qui n'ait point de conséquence dangereuse.

« Écrivez-moi un billet, dira-t-on ; mandez telle chose
à votre frère ou à votre cousin » : tout cela fait plaisir à
l'enfant, pourvu qu'aucune image triste de leçon réglée
ne le trouble. Une libre curiosité, dit saint Augustin, sur
sa propre expérience, excite bien plus l'esprit des enfants qu'une règle et une nécessité imposée par la
crainte.

Remarquez un grand défaut des éducations ordinaires : on met tout le plaisir d'un côté et tout l'ennui
de l'autre ; tout l'ennui dans l'étude, tout le plaisir dans
les divertissements. Que peut faire un enfant, sinon supporter impatiemment cette règle et courir ardemment
après les jeux ?

Tâchons donc de changer cet ordre ; rendons l'étude
agréable, cachons-la sous l'apparence de la liberté et du
plaisir ; souffrons que les enfants interrompent quelque-

---

1. Les méthodes actuelles font marcher de front l'enseignement simultané de la lecture et de l'écriture ; certaines même,
et ce ne sont pas les moins bonnes, font découler l'enseignement de la lecture de celui de l'écriture.

2. On en a conclu, non sans raison, qu'on pouvait apprendre
aux enfants des éléments de dessin avant même de les mettre
à lire ou à écrire.

fois l'étude par de petites saillies de divertissement[1]; ils ont besoin de ces distractions pour délasser leur esprit.

Laissons leur vue se promener un peu; permettons-leur même de temps en temps quelque digression ou quelque jeu, afin que leur esprit se mette au large; puis ramenons-les doucement au but. Une régularité trop exacte pour exiger d'eux des études sans interruption leur nuit beaucoup : souvent ceux qui les gouvernent affectent cette régularité, parce qu'elle leur est plus commode qu'une sujétion continuelle à profiter de tous les moments[2]. En même temps, ôtons aux divertissements

---

1. On satisfait, dans l'école, à ce désir de Fénelon, en coupant les leçons par de courtes récréations, des chants, des mouvements rythmés, etc. Voy. la note 1 de la page 38.

2. « Quand je dis la gaieté, je n'entends pas que vous deviez faire rire vos élèves. Les enfants sont plus gais que nous ! Et, quand nous les aimons, ce sont eux qui nous égayent, effacent nos soucis et dissipent nos tristesses. Mais je veux dire qu'il faut rendre notre autorité aimable, nos leçons désirables, et savoir gouverner nos enfants sans les contrister.

« Il faut le reconnaître, le besoin qu'ils éprouvent de se mouvoir continuellement, cette turbulence, ce tourbillonnement d'une fourmilière de petits êtres bruyants que rien ne lasse, voilà le supplice des hommes faits, et la fatigue des récréations après la fatigue des classes. Oh ! je sais ce que vous éprouvez alors, et j'y compatis du fond de mon âme. Pourtant, ce bruit, ce mouvement, ont leur raison d'être. Ils sont d'une nécessité absolue pour le développement de tout ce qui est vivant et jeune. Ils prennent leur source dans le besoin musculaire des enfants, dont les forces, soumises à une loi générale, ne peuvent s'accroître qu'en s'exerçant. Il ne dépend pas de vos élèves de rester tranquilles et muets, de rester *sages*, comme on le dit avec une irréflexion ou une ignorance dont je m'étonne. Sage ! celui qui ne crie, ni ne rit, ni ne remue. Mais, s'il se trouve jamais un tel enfant parmi vos élèves, enterrez-le, c'est un enfant mort ! » (Mme PAPE-CARPANTIER : *Première conférence sur l'introduction de la méthode des salles d'asile dans l'enseignement donné aux plus jeunes enfants des écoles primaires*, dans le *Recueil des conférences pédagogiques faites à la Sorbonne aux instituteurs primaires venus à Paris pour l'Exposition universelle de 1867, 2ᵉ partie : Organisation pédagogique des écoles.*)

des enfants tout ce qui peut les passionner trop, mais
tout ce qui peut délasser l'esprit, lui offrir une variété
agréable, satisfaire sa curiosité pour les choses utiles,
exercer le corps aux arts convenables, tout cela doit
être employé dans les divertissements des enfants. Ceux
qu'ils aiment le mieux sont ceux où le corps est en mouvement; ils sont contents, pourvu qu'ils changent souvent de place : un volant ou une boule suffit. Ainsi il ne
faut pas être en peine de leurs plaisirs, ils en inventent
assez eux-mêmes; il suffit de les laisser faire, de les
observer avec un visage gai, et de les modérer dès qu'ils
s'échauffent trop. Il est bon seulement de leur faire
sentir autant qu'il est possible les plaisirs que l'esprit
peut donner, comme la conversation, les nouvelles, les
histoires et plusieurs jeux d'industrie [1] qui renferment
quelque instruction. Tout cela aura son usage en son
temps; mais il ne faut pas forcer le goût des enfants là-
dessus, on ne doit que leur offrir des ouvertures; un
jour, leur corps sera moins disposé à se remuer, et leur
esprit agira davantage.

Le soin qu'on prendra cependant à assaisonner de
plaisir les occupations sérieuses servira beaucoup à ralentir l'ardeur de la jeunesse pour les divertissements
dangereux. C'est la sujétion et l'ennui qui donnent tant
d'impatience de se divertir. Si une fille s'ennuyait moins
à être auprès de sa mère, elle n'aurait pas tant d'envie
de lui échapper pour aller chercher des compagnies
moins bonnes.

Dans le choix des divertissements, il faut éviter toutes
les sociétés suspectes. Point de garçons avec les filles,
ni même de filles dont l'esprit ne soit réglé et sûr [2]. Les

1. *Jeux d'industrie :* jeux ingénieux, faits pour instruire les
enfants tout en les amusant.
2. Ni même de filles, mêlées avec les autres filles, à moins
qu'elles n'aient l'esprit réglé et sûr.

jeux qui dissipent et qui passionnent trop, ou qui accoutument à une agitation de corps immodeste pour une fille, les fréquentes sorties de la maison et les conversations qui peuvent donner l'envie d'en sortir souvent doivent être évités. Quand on n'est encore gâté par aucun grand divertissement et qu'on n'a fait naître en soi aucune passion ardente, on trouve aisément la joie; la santé et l'innocence en sont les vraies sources; mais les gens qui ont eu le malheur de s'accoutumer aux plaisirs violents perdent le goût des plaisirs modérés et s'ennuient toujours dans une recherche inquiète de la joie.

On se gâte le goût pour les divertissements comme pour les viandes; on s'accoutume tellement aux choses de haut goût [1], que les viandes communes et simplement assaisonnées deviennent fades et insipides. Craignons donc ces grands ébranlements de l'âme qui préparent l'ennui et le dégoût; surtout ils sont plus à craindre pour les enfants, qui résistent moins à ce qu'ils sentent et qui veulent être toujours émus : tenons-les dans le goût des choses simples; qu'il ne faille point de grands apprêts de viandes pour les nourrir ni de grands divertissements pour les réjouir. La sobriété donne toujours assez d'appétit, sans avoir besoin de le réveiller par des ragoûts qui portent à l'intempérance [2]. La tempérance, disait un

1. Voyez la note 1 de la page 16.
2. « Mentor, semblable à un habile jardinier, qui retranche dans les arbres fruitiers le bois inutile, tâchait... de retrancher le faste inutile qui corrompait les mœurs : il ramenait toutes choses à une noble et frugale simplicité. Il régla de même la nourriture des citoyens et celle des esclaves. Quelle honte, disait-il, que les hommes les plus élevés fassent consister leur grandeur dans les ragoûts, par lesquels ils amollissent leur âme et ruinent insensiblement la santé de leur corps ! Ils doivent faire consister leur bonheur dans leur modération, dans leur autorité pour faire du bien aux autres hommes, et dans la réputation que leurs bonnes actions doivent leur procurer. La sobriété rend

ancien, est la meilleure ouvrière de la volupté; avec
cette tempérance, qui fait la santé du corps et de l'âme,
on est toujours dans une joie douce et modérée; on n'a
besoin ni de machines, ni de spectacles, ni de dépenses
pour se réjouir : un petit jeu qu'on invente, une lecture,
un travail qu'on entreprend, une promenade, une conversation innocente qui délasse après le travail, font
sentir une joie plus pure que la musique la plus char-
mante.

Les plaisirs simples sont moins vifs et moins sensibles, il est vrai; les autres enlèvent l'âme en remuant
les ressorts des passions. Mais les plaisirs simples sont
d'un meilleur usage; ils donnent une joie égale et du-
rable sans aucune suite maligne; ils sont toujours bien-
faisants; au lieu que les autres plaisirs sont comme les
vins frelatés, qui plaisent d'abord plus que les naturels,
mais qui altèrent et qui nuisent à la santé. Le tempérament de l'âme se gâte aussi bien que le goût par la
recherche de ces plaisirs vifs et piquants. Tout ce qu'on
peut faire pour les enfants qu'on gouverne, c'est de les
accoutumer à cette vie simple, d'en fortifier en eux
l'habitude le plus longtemps qu'on peut, de les prévenir
de la crainte des inconvénients attachés aux autres plaisirs et de ne les point abandonner à eux-mêmes, comme
on fait d'ordinaire dans l'âge où les passions commencent à se faire sentir et où par conséquent ils ont plus
besoin d'être retenus.

la nourriture la plus simple très agréable. C'est elle qui donne
avec la santé la plus vigoureuse, les plaisirs les plus purs et les
plus constants. Il faut donc borner vos repas aux viandes les
meilleures (Mentor parle ici au roi Idoménée), mais apprêtées
sans aucun ragoût. C'est un art pour empoisonner les hommes
que celui d'irriter leur appétit au delà de leur vrai besoin. (*Télémaque*, liv. XII.) Fénelon, dans la description du royaume idéal
de Salente, suppose réalisés plusieurs des principes d'éducation
qui forment le fond de son traité.

Il faut avouer que, de toutes les peines de l'éducation, aucune n'est comparable à celle d'élever des enfants qui manquent de sensibilité. Les naturels vifs et sensibles sont capables de terribles égarements : les passions et la présomption les entraînent; mais aussi ils ont de grandes ressources et reviennent souvent de loin; l'instruction est en eux un germe caché qui pousse et qui fructifie quelquefois, quand l'expérience vient au secours de la raison et que les passions s'attiédissent; au moins on sait par où l'on peut les rendre attentifs et réveiller leur curiosité; on a en eux de quoi les intéresser à ce qu'on leur enseigne et les piquer d'honneur, au lieu qu'on n'a aucune prise sur les naturels indolents. Toutes les pensées de ceux-ci sont des distractions; ils ne sont jamais où ils doivent être ; on ne peut même les toucher jusqu'au vif par les corrections; ils écoutent tout et ne sentent rien. Cette indolence rend l'enfant négligent et dégoûté de tout ce qu'il fait. C'est alors que la meilleure éducation court risque d'échouer, si l'on ne se hâte d'aller au-devant du mal dès la première enfance. Beaucoup de gens, qui n'approfondissent guère, concluent de ce mauvais succès que c'est la nature qui fait tout pour former des hommes de mérite et que l'éducation n'y peut rien; au lieu qu'il faudrait seulement conclure qu'il y a des naturels semblables aux terres ingrates, sur qui la culture fait peu. C'est encore bien pis quand ces éducations si difficiles sont traversées ou négligées, ou mal réglées dans leurs commencements.

Il faut encore observer qu'il y a des naturels d'enfants auxquels on se trompe beaucoup. Ils paraissent d'abord jolis, parce que les premières grâces de l'enfance ont un lustre qui couvre tout [1]; on y voit je ne

---

1.   « Il est si beau, l'enfant, avec son doux sourire,
        Sa douce bonne foi, sa voix qui veut tout dire,

sais quoi de tendre et d'aimable, qui empêche d'examiner de près le détail des traits du visage. Tout ce qu'on trouve d'esprit en eux surprend, parce qu'on n'en attend point de cet âge; toutes les fautes de jugement leur sont permises et ont la grâce de l'ingénuité; on prend une certaine vivacité du corps, qui ne manque jamais de paraître dans les enfants, pour celle de l'esprit. De là vient que l'enfance semble promettre tant et qu'elle donne si peu. Tel a été célèbre par son esprit à l'âge de cinq ans, qui est tombé dans l'obscurité et dans le mépris à mesure qu'on l'a vu croître. De toutes les qualités qu'on voit dans les enfants, il n'y en a qu'une sur laquelle on puisse compter, c'est le bon raisonnement; il croît toujours avec eux, pourvu qu'il soit bien cultivé; les grâces de l'enfance s'effacent; la vivacité s'éteint; la tendresse du cœur se perd même souvent, parce que les passions et le commerce des hommes politiques[1] endurcissent insensiblement les jeunes gens qui entrent dans le monde. Tâchez donc de découvrir, au travers des grâces de l'enfance, si le naturel que vous avez à gouverner manque de curiosité et s'il est peu sensible à une honnête émulation. En ce cas, il est difficile que toutes les personnes chargées de son éducation ne se rebutent bientôt dans un travail si ingrat et si épineux. Il faut donc remuer promptement tous les ressorts de l'âme de l'enfant pour le tirer de cet assoupissement. Si vous prévoyez cet inconvénient, ne pressez pas d'abord les instructions suivies; gardez-vous bien de charger sa mémoire, car c'est ce qui étonne et qui

> Ses pleurs vite apaisés,
> Laissant errer sa vue étonnée et ravie,
> Offrant de toutes parts sa jeune âme à la vie
> Et sa bouche aux baisers ! »
>
> (V. HUGO, *Les Feuilles d'automne*, XIX.)

1. Des hommes occupés aux affaires.

appesantit le cerveau; ne le fatiguez point par des règles gênantes; égayez-le; puisqu'il tombe dans l'extrémité contraire à la présomption, ne craignez point de lui montrer avec discrétion de quoi il est capable; contentez-vous de peu; faites-lui remarquer ses moindres succès; représentez-lui combien mal à propos il a craint de ne pouvoir réussir dans des choses qu'il fait bien; mettez en œuvre l'émulation. La jalousie est plus violente dans les enfants qu'on ne saurait se l'imaginer; on en voit quelquefois qui sèchent et qui dépérissent d'une langueur secrète, parce que d'autres sont plus aimés et plus caressés qu'eux. C'est une cruauté trop ordinaire aux mères que de leur faire souffrir ce tourment; mais il faut savoir employer ce remède dans les besoins pressants contre l'indolence; mettez devant l'enfant que vous élevez d'autres enfants qui ne fassent guère mieux que lui; des exemples disproportionnés à sa faiblesse achèveraient de le décourager.

Donnez-lui de temps en temps de petites victoires sur ceux dont il est jaloux [1]; engagez-le, si vous le pouvez, à rire librement avec vous de sa timidité; faites-lui voir des gens timides comme lui, qui surmontent enfin leur tempérament; apprenez-lui par des instructions indirectes, à l'occasion d'autrui, que la timidité et la paresse étouffent l'esprit; que les gens mous et inappliqués, quelque génie qu'ils aient [2], se rendent imbéciles et se dégradent eux-mêmes. Mais gardez-vous bien de lui donner ces instructions d'un ton austère et impatient; car rien ne renfonce tant au dedans de lui-même un enfant mou et timide que la rudesse. Au contraire, redoublez vos soins pour assaisonner de facilités et de

1. Ici, Fénelon va trop loin. Il ne faut donner à l'enfant que les victoires qu'il a méritées.

2. *Quelque génie qu'ils aient* : quelles que soient les bonnes dispositions dont la nature les ait doués.

plaisirs proportionnés à son naturel le travail que vous
ne pouvez lui épargner; peut-être faudrait-il même de
temps en temps le piquer par le mépris et par les reproches. Vous ne devez pas le faire vous-même ; il faut
qu'une personne inférieure, comme un autre enfant, le
fasse, sans que vous paraissiez le savoir [1].

Saint Augustin raconte qu'un reproche fait à sainte
Monique, sa mère, dans son enfance, par une servante, la
toucha jusqu'à la corriger d'une mauvaise habitude de
boire du vin pur, dont la véhémence et la sévérité de sa
gouvernante n'avaient pu la préserver. Enfin il faut tâcher de donner du goût à l'esprit de ces sortes d'enfants,
comme on tâche d'en donner au corps de certains malades. On leur laisse chercher ce qui peut guérir leur
dégoût ; on leur souffre quelques fantaisies aux dépens
même des règles, pourvu qu'elles n'aillent pas à des
excès dangereux. Il est bien plus difficile de donner du
goût à ceux qui n'en ont pas que de former le goût de
ceux qui ne l'ont pas encore tel qu'il doit être.

Il y a une autre espèce de sensibilité encore plus difficile et plus importante à donner : c'est celle de l'amitié.
Dès qu'un enfant en est capable, il n'est plus question
que de tourner son cœur vers des personnes qui lui
soient utiles. L'amitié le mènera presque à toutes les
choses qu'on voudra de lui; on a un lien assuré pour
l'attirer au bien, pourvu qu'on sache s'en servir; il ne
reste plus à craindre que l'excès ou le mauvais choix
dans ses affections. Mais il y a d'autres enfants qui naissent politiques [2], cachés, indifférents, pour rapporter

1. Voyez la note 1 de la page 26. C'est encore là une finesse
dangereuse. Pourquoi la maîtresse ne ferait-elle pas elle-même à
l'enfant les reproches qu'elle croit nécessaires? Qui peut s'assurer,
d'ailleurs, de la mesure qu'un « autre enfant » saura mettre dans
les reproches qu'il fera à son camarade? Et comment celui-ci
acceptera-t-il ces reproches?
2. *Politiques :* disposés à la finesse, à la ruse.

4

secrètement tout à eux-mêmes; ils trompent leurs parents, que la tendresse rend crédules; ils font semblant de les aimer; ils étudient leurs inclinations pour s'y conformer; ils paraissent plus dociles que les autres enfants du même âge, qui agissent sans déguisement selon leur humeur; leur souplesse, qui cache une volonté âpre, paraît une véritable douceur; et leur naturel dissimulé ne se déploie tout entier que quand il n'est plus temps de le redresser.

S'il y a quelque naturel d'enfant sur lequel l'éducation ne puisse rien, on peut dire que c'est celui-là; et cependant il faut avouer que le nombre en est plus grand qu'on ne s'imagine. Les parents ne peuvent se résoudre à croire que leurs enfants aient le cœur mal fait; quand ils ne veulent pas le voir d'eux-mêmes, personne n'ose entreprendre de les convaincre, et le mal augmente toujours. Le principal remède serait de mettre les enfants, dès le premier âge, dans une grande liberté de découvrir leurs inclinations. Il faut toujours les connaître à fond, avant de les corriger. Ils sont naturellement simples et ouverts; mais, si peu qu'on les gêne ou qu'on leur donne quelque exemple de déguisement, ils ne reviennent plus à cette première simplicité. Il est vrai que Dieu seul donne la tendresse et la bonté de cœur; on peut seulement tâcher de l'exciter par des exemples généreux, par des maximes d'honneur et de désintéressement, par le mépris des gens qui s'aiment trop eux-mêmes. Il faut essayer de faire goûter de bonne heure aux enfants, avant qu'ils aient perdu cette première simplicité des mouvements les plus naturels, le plaisir d'une amitié cordiale et réciproque. Rien n'y servira tant que de mettre d'abord auprès d'eux des gens qui ne leur montrent jamais rien de dur, de faux, de bas et d'intéressé. Il vaudrait mieux souffrir auprès d'eux des gens qui auraient d'autres défauts et qui fus-

sent exempts de ceux-là. Il faut encore louer les enfants
de tout ce que l'amitié leur fait faire, pourvu qu'elle ne
soit point trop déplacée ou trop ardente. Il faut encore
que les parents leur paraissent pleins d'une amitié sincère pour eux; car les enfants apprennent souvent de
leurs parents mêmes à n'aimer rien. Enfin je voudrais
retrancher devant eux à l'égard des amis tous les compliments superflus, toutes les démonstrations feintes
d'amitié et toutes les fausses caresses, par lesquelles
on leur enseigne à payer de vaines apparences les personnes qu'ils doivent aimer [1].

Il y a un défaut opposé à celui que nous venons de
représenter, qui est bien plus ordinaire dans les filles,
c'est celui de se passionner sur les choses mêmes les
plus indifférentes. Elles ne sauraient voir deux personnes qui sont mal ensemble, sans prendre parti dans
leur cœur pour l'une contre l'autre; elles sont toutes
pleines d'affections ou d'aversions sans fondement; elles
n'aperçoivent aucun défaut dans ce qu'elles estiment et
aucune bonne qualité dans ce qu'elles méprisent. Il ne
faut pas d'abord s'y opposer, car la contradiction for-
tifierait ces fantaisies; mais il faut peu à peu faire remarquer à une jeune personne qu'on connaît mieux
qu'elle tout ce qu'il y a de bon dans ce qu'elle aime, et

1. « Je vous vois accabler un homme de caresses,
      Et témoigner pour lui les dernières tendresses ;
      De protestations, d'offres et de serments
      Vous chargez la fureur de vos embrassements ;
      Et, quand je vous demande après quel est cet homme,
      A peine pouvez-vous dire comme il se nomme ;
      Votre chaleur pour lui tombe en vous séparant,
      Et vous me le traitez, à moi, d'indifférent.
      Morbleu ! c'est une chose indigne, lâche, infâme
      De s'abaisser ainsi jusqu'à trahir son âme.... »
                              (MOLIÈRE, Le Misanthrope, I, 1.)

Le Misanthrope est de 1666.

tout ce qu'il y a de mauvais dans ce qui la choque.
Prenez soin, en même temps, de lui faire sentir dans
les occasions l'incommodité des défauts qui se trouvent
dans ce qui la charme, et la commodité des qualités
avantageuses qui se rencontrent dans ce qui lui déplaît;
ne la pressez pas, vous verrez qu'elle reviendra d'elle-
même. Après cela, faites-lui remarquer ses entêtements
passés avec leurs circonstances les plus déraisonnables;
dites-lui doucement qu'elle verra de même ceux dont
elle n'est pas encore guérie, quand ils seront finis. Racontez-lui les erreurs semblables où vous avez été à son
âge. Surtout montrez-lui, le plus sensiblement que vous
pourrez, le grand mélange de bien et de mal qu'on
trouve dans tout ce qu'on peut aimer et haïr, pour ralentir l'ardeur de ses amitiés et de ses aversions.

Ne promettez jamais aux enfants, pour récompenses,
des ajustements ou des friandises : c'est faire deux
maux; le premier, de leur inspirer l'estime de ce qu'ils
doivent mépriser; et le second, de vous ôter le moyen
d'établir d'autres récompenses qui faciliteraient votre
travail [1]. Gardez-vous bien de les menacer de les faire

[1]. Il y aurait encore une autre raison à donner soit pour ne
pas récompenser les enfants par des ajustements, ou des friandises, soit pour ne pas les punir par la privation de ces mêmes
friandises ou de ces mêmes ajustements: c'est qu'il n'y a aucune
connexion entre la bonne ou la mauvaise conduite de l'enfant
dans telle ou telle circonstance et la punition ou la récompense
dont vous faites ainsi suivre cette conduite. « Laissons éprouver
aux enfants, dit fort justement miss Edgeworth, toutes les fois
que cela est possible, les conséquences naturelles de leur propre
conduite. La conséquence naturelle de la véracité est d'être crue,
et celle de la fausseté est d'exciter la défiance. La conséquence
naturelle de toutes les vertus utiles est l'estime des autres. Mais
un gâteau n'est pas la conséquence naturelle de la véracité; la
privation d'une friandise est sans connexion avec le mensonge ;
a prudence ne mérite pas l'affection, et l'humanité ne doit pas
être récompensée par la considération que mérite la prudence. »
Cette doctrine est empruntée à l'Émile, ou du moins elle se

étudier, ou de les assujettir à quelque règle. Il faut faire le moins de règles qu'on peut[1] ; et, lorsqu'on ne peut éviter d'en faire quelqu'une, il la faut faire passer doucement, sans lui donner ce nom et montrant toujours quelque raison de commodité pour faire une chose dans un temps et dans un lieu plutôt que dans un autre.

On courrait risque de décourager les enfants, si on ne les louait jamais lorsqu'ils font bien. Quoique les louanges soient à craindre à cause de la vanité, il faut tâcher de s'en servir pour animer les enfants sans les enivrer. Nous voyons que saint Paul les emploie souvent pour encourager les faibles et pour faire passer plus doucement la correction. Les Pères en ont fait le même usage. Il est vrai que, pour les rendre utiles, il

retrouve dans l'*Emile :* « Il ne faut jamais infliger aux enfants le châtiment comme châtiment; mais il doit toujours leur arriver comme une suite naturelle de leur mauvaise action. Ainsi vous ne déclamerez point contre le mensonge, vous ne les punirez point précisément pour avoir menti ; mais vous ferez que tous les effets du mensonge, comme de n'être point cru quand on dit la vérité, d'être accusé du mal qu'on n'a point fait, quoiqu'on s'en défende, se rassemblent sur leur tête quand ils ont menti. » (Livre II). Enfin tout le chapitre de « l'éducation morale » du livre de Herbert Spencer (*De l'éducation intellectuelle, morale et physique*) n'est que le développement de la pensée de Rousseau et de miss Edgeworth que nous venons de reproduire. C'est effectivement une idée très juste en soi et très propre à faire naître chez l'enfant le sentiment, si puissant pour le véritable bien moral, de la responsabilité personnelle. Il en faut poursuivre autant qu'on le peut la réalisation dans l'éducation publique, sans se dissimuler qu'on ne peut pas s'y borner exclusivement et que la mise en pratique n'en est pas toujours facile.

1. Remarquer l'insistance que met Fénelon à donner à l'éducation de libres allures. « Il faut faire, dit-il, le moins de règles qu'on peut », comme il disait un peu plus haut (Voy. p. 38) : « Le moins qu'on peut faire de leçons en forme, c'est le meilleur. » Nous avons fait des réserves pour les nécessités de l'éducation publique; mais le principe de Fénelon n'en est pas moins juste dans sa généralité.

faut les assaisonner de manière qu'on en ôte l'exagération, la flatterie, et qu'en même temps on rapporte tout
le bien à Dieu comme à sa source. On peut aussi récompenser les enfants par des jeux innocents et mêlés
de quelque industrie [1], par des promenades où la conversation ne soit pas sans fruit, par de petits présents
qui seront des espèces de prix, comme des tableaux ou
des estampes, ou des médailles, ou des cartes de géo-
graphie, ou des livres dorés.

1. *Et mêlés de quelque industrie :* et arrangés, combinés de
telle sorte que leur intelligence puisse en tirer quelque profit.

CHAPITRE VI

DE L'USAGE DES HISTOIRES POUR LES ENFANTS

Les enfants aiment avec passion les contes ridicules [1] : on les voit tous les jours transportés de joie, ou versant des larmes, au récit des aventures qu'on leur raconte. Ne manquez pas de profiter de ce penchant. Quand vous les voyez disposés à vous entendre, racontez-leur quelque fable courte et jolie : mais choisissez quelques fables d'animaux qui soient ingénieuses et innocentes; donnez-les pour ce qu'elles sont; montrez-en le but sérieux [2]. Pour les fables païennes, une fille sera heureuse de les ignorer toute sa vie, à cause qu'elles sont impures et pleines d'absurdités impies. Si vous ne pouvez les faire ignorer toutes à l'enfant, inspirez-en l'horreur. Quand vous aurez raconté une fable, attendez que l'enfant vous demande d'en dire d'autres; ainsi laissez-le toujours dans une espèce de faim d'en apprendre davantage. Ensuite, la curiosité étant excitée, racontez certaines histoires choisies, mais en peu de mots; liez-les ensemble, et remettez d'un jour à l'autre

---

1. Qui nous paraissent, à nous, ridicules.
2. On reconnaît ici la pensée qui, plus tard, a conduit Fénelon à écrire pour son élève, le duc de Bourgogne, ses jolies fables en prose.

à dire la suite, pour tenir les enfants en suspens et leur
donner de l'impatience de voir la fin. Animez vos récits
de tons vifs et familiers; faites parler tous vos personnages : les enfants, qui ont l'imagination vive, croiront
les voir et les entendre. Par exemple, racontez l'histoire
de Joseph : faites parler ses frères comme des brutaux,
Jacob comme un père tendre et affligé; que Joseph
parle lui-même; qu'il prenne plaisir, étant maître en
Égypte, à se cacher à ses frères, à leur faire peur, et
puis à se découvrir. Cette représentation naïve, jointe
au merveilleux de cette histoire, charmera un enfant,
pourvu qu'on ne le charge pas trop de semblables récits, qu'on les lui laisse désirer, qu'on les lui promette
même pour récompense quand il sera sage, qu'on ne
leur donne point l'air d'étude, qu'on n'oblige point
l'enfant de les répéter : ces répétitions, à moins qu'ils
ne s'y portent d'eux-mêmes, gênent les enfants et leur
ôtent tout l'agrément de ces sortes d'histoires.

Il faut néanmoins observer que, si l'enfant a quelque
facilité de parler, il se porte de lui-même à raconter
aux personnes qu'il aime les histoires qui lui auront
donné plus de plaisir; mais ne lui en faites point une
règle. Vous pouvez vous servir de quelque personne qui
sera libre avec l'enfant, et qui paraîtra désirer apprendre
de lui son histoire; l'enfant sera ravi de la lui raconter [1].
Ne faites pas semblant de l'entendre, laissez-le dire sans
le reprendre de ses fautes. Lorsqu'il sera plus accoutumé à raconter, vous pourrez lui faire remarquer doucement la meilleure manière de faire une narration, qui
est de la rendre courte, simple, et naïve, par le choix
des circonstances qui représentent mieux le naturel de
chaque chose. Si vous avez plusieurs enfants, accoutumez-les peu à peu à représenter les personnages des

1. Voyez les notes 1 des pages 26 et 49.

histoires qu'ils ont apprises ; l'un sera Abraham et
l'autre Isaac ; ces représentations les charmeront plus
que d'autres jeux, les accoutumeront à penser et à dire
des choses sérieuses avec plaisir, et rendront ces histoires ineffaçables dans leur mémoire.

Il faut tâcher de leur donner plus de goût pour les
histoires saintes que pour les autres, non en leur disant
qu'elles sont plus belles, ce qu'ils ne croiraient peut-
être pas, mais en le leur faisant sentir sans le dire.
Faites-leur remarquer combien elles sont importantes,
singulières, merveilleuses, pleines de peintures naturelles
et d'une noble vivacité. Celles de la création, de la chute
d'Adam, du déluge, de la vocation d'Abraham, du sacrifice d'Isaac, des aventures de Joseph que nous avons
touchées, de la naissance et de la fuite de Moïse, ne
sont pas seulement propres à réveiller la curiosité des
enfants ; mais, en leur découvrant l'origine de la religion, elles en posent les fondements dans leur esprit. Il
faut ignorer profondément l'essentiel de la religion,
pour ne pas voir qu'elle est tout historique : c'est par
un tissu de faits merveilleux que nous trouvons son
établissement, sa perpétuité, et tout ce qui doit nous la
faire pratiquer et croire. Il ne faut pas s'imaginer qu'on
veuille engager les gens à s'enfoncer dans la science,
quand on leur propose toutes ces histoires ; elles sont
courtes, variées, propres à plaire aux gens les plus
grossiers. Dieu, qui connaît mieux que personne l'esprit
de l'homme, qu'il a formé, a mis la religion dans des
faits populaires, qui, bien loin de surcharger les simples,
leur aident à concevoir et à retenir les mystères. Par
exemple, dites à un enfant qu'en Dieu trois personnes
égales ne sont qu'une seule nature : à force d'entendre
et de répéter ces termes, il les retiendra dans sa mémoire ; mais je doute qu'il en conçoive le sens. Racontez-lui que, Jésus-Christ sortant des eaux du Jour-

dain, le Père fit entendre cette voix du ciel : « C'est mon Fils bien-aimé, en qui j'ai ma complaisance; écoutez-le; » ajoutez que le Saint-Esprit descendit sur le Sauveur en forme de colombe : vous lui faites sensiblement trouver la Trinité dans une histoire qu'il n'oubliera point. Voilà trois personnes qu'il distinguera toujours par la différence de leurs actions; vous n'aurez plus qu'à lui apprendre que toutes ensemble elles ne font qu'un seul Dieu. Cet exemple suffit pour montrer l'utilité des histoires : quoiqu'elles semblent allonger l'instruction, elles l'abrègent beaucoup et lui ôtent la sécheresse des catéchismes, où les mystères sont détachés des faits; aussi voyons-nous qu'anciennement on instruisait par les histoires. La manière admirable dont saint Augustin veut qu'on instruise tous les ignorants n'était point une méthode que ce Père eût seul introduite, c'était la méthode et la pratique universelle de l'Église. Elle consistait à montrer, par la suite de l'histoire, la religion aussi ancienne que le monde, Jésus-Christ attendu dans l'Ancien Testament, et Jésus-Christ régnant dans le nouveau : c'est le fond de l'instruction chrétienne.

Cela demande un peu plus de temps et de soin que l'instruction à laquelle beaucoup de gens se bornent ; mais aussi on sait véritablement la religion, quand on sait ce détail, au lieu que, quand on l'ignore, on n'a que des idées confuses sur Jésus-Christ, sur l'Évangile, sur l'Église, sur la nécessité de se soumettre absolument à ses décisions, et sur le fond des vertus que le nom chrétien doit nous inspirer. Le *Catéchisme historique* [1], imprimé depuis peu de temps, qui est un livre simple, court et bien plus clair que les catéchismes ordinaires, renferme tout ce qu'il faut savoir là-dessus; ainsi on ne

---

1. C'est le catéchisme de l'abbé Fleury, encore en usage aujourd'hui. Il a été publié pour la première fois en 1683.

peut pas dire qu'on demande beaucoup d'étude. Ce dessein est même celui du concile de Trente, avec cette circonstance que le *Catéchisme du concile* est un peu trop mêlé de termes théologiques pour les personnes simples.

Joignons donc aux histoires que j'ai remarquées le passage de la mer Rouge, et le séjour du peuple au désert, où il mangeait un pain qui tombait du ciel, et buvait une eau que Moïse faisait couler d'un rocher en le frappant avec sa verge. Représentez la conquête miraculeuse de la terre promise, où les eaux du Jourdain remontent vers leur source, et les murailles d'une ville tombent d'elles-mêmes à la vue des assiégeants. Peignez au naturel les combats de Saül et de David; montrez celui-ci dès sa jeunesse, sans armes et avec son habit de berger, vainqueur du fier géant Goliath. N'oubliez pas la gloire et la sagesse de Salomon; faites-le décider entre les deux femmes qui se disputent un enfant; mais montrez-le tombant du haut de cette sagesse et se déshonorant par la mollesse, suite presque inévitable d'une trop grande prospérité.

Faites parler les prophètes aux rois de la part de Dieu; qu'ils lisent dans l'avenir comme dans un livre; qu'ils paraissent humbles, austères et souffrant de continuelles persécutions pour avoir dit la vérité. Mettez en sa place la première ruine de Jérusalem; faites voir le temple brûlé, et la ville sainte ruinée pour les péchés du peuple. Racontez la captivité de Babylone, où les Juifs pleuraient leur chère Sion. Avant leur retour, montrez en passant les aventures délicieuses de Tobie et de Judith, d'Esther et de Daniel. Il ne serait pas même inutile de faire déclarer les enfants [1] sur les différents caractères de ces saints, pour savoir ceux qu'ils goûtent le plus. L'un préférerait Esther, l'autre Judith, et cela

1. *De faire déclarer les enfants :* de leur demander ce qu'ils pensent de ces différents caractères.

exciterait entre eux une petite contention [1], qui imprimerait plus fortement dans leurs esprits ces histoires et formerait leur jugement. Puis ramenez le peuple à Jérusalem, et faites-lui réparer ses ruines; faites une peinture riante de sa paix et de son bonheur. Bientôt après faites un portrait du cruel et impie Antiochus, qui meurt dans une fausse pénitence; montrez sous ce persécuteur les victoires des Machabées et le martyre des sept frères du même nom. Venez à la naissance miraculeuse de saint Jean. Racontez plus en détail celle de Jésus-Christ; après quoi il faut choisir dans l'Évangile tous les endroits les plus éclatants de sa vie, sa prédication dans le temple à l'âge de douze ans, son baptême, sa retraite au désert, et sa tentation; la vocation de ses apôtres; la multiplication des pains; la conversion de la pécheresse qui oignit les pieds du Sauveur d'un parfum, les lava de ses larmes, et les essuya avec ses cheveux. Représentez encore la Samaritaine instruite, l'aveugle-né guéri, Lazare ressuscité, Jésus-Christ qui entre triomphant à Jérusalem; faites voir sa passion; peignez-le sortant du tombeau. Ensuite il faut marquer la familiarité avec laquelle il fut quarante jours avec ses disciples, jusqu'à ce qu'ils le virent monter au ciel; la descente du Saint-Esprit, la lapidation de saint Étienne, la conversion de saint Paul, la vocation du centenier Corneille. Les voyages des apôtres, et particulièrement de saint Paul, sont encore très agréables. Choisissez les plus merveilleuses des histoires des martyrs, et quelque chose en gros de la vie céleste des premiers chrétiens; mêlez-y le courage des jeunes vierges, les plus étonnantes austérités des solitaires, la conversion des empereurs et de l'empire, l'aveuglement des Juifs, et leur punition terrible qui dure encore.

1. *Une petite contention :* un petit débat.

Toutes ces histoires, ménagées discrètement, feraient
entrer avec plaisir dans l'imagination des enfants, vive
et tendre, toute une suite de religion, depuis la création
du monde jusqu'à nous, qui leur en donnerait de très
nobles idées et qui ne s'effacerait jamais. Ils verraient
même, dans cette histoire, la main de Dieu toujours
levée pour délivrer les justes et pour confondre les
impies. Ils s'accoutumeraient à voir Dieu faisant tout en
toutes choses, et menant secrètement à ses desseins les
créatures qui paraissent le plus s'en éloigner. Mais il
faudrait recueillir dans ces histoires tout ce qui donne
les images les plus riantes et les plus magnifiques, parce
qu'il faut employer tout pour faire en sorte que les enfants trouvent la religion belle, aimable et auguste, au
lieu qu'ils se la représentent d'ordinaire comme quelque
chose de triste et de languissant.

Outre l'avantage inestimable d'enseigner ainsi la religion aux enfants, ce fonds d'histoires agréables, qu'on
jette de bonne heure dans leur mémoire, éveille leur
curiosité pour les choses sérieuses, les rend sensibles
aux plaisirs de l'esprit, fait qu'ils s'intéressent à ce qu'ils
entendent dire des autres histoires qui ont quelque liai-
son avec celles qu'ils savent déjà. Mais, encore une fois,
il faut bien se garder de leur faire jamais une loi d'écouter ni de retenir ces histoires, encore moins d'en faire
des leçons réglées; il faut que le plaisir fasse tout [1]. Ne
les pressez pas, vous en viendrez à bout, même pour les
esprits communs; il n'y a qu'à ne les point trop charger,
et à laisser venir leur curiosité peu à peu. Mais, direz-
vous, comment leur raconter ces histoires d'une manière
vive, courte, naturelle et agréable? où sont les gouvernantes qui le savent faire? À cela je réponds que je ne

1. Dans l'école, non plus à titre de récréation, mais à titre
d'exercice scolaire, la reproduction, ou le résumé oral ou écrit
d'une lecture, sont d'excellents thèmes de composition.

le propose qu'afin qu'on tâche de choisir des personnes de bon esprit pour gouverner les enfants, et qu'on leur inspire autant qu'on pourra cette méthode d'enseigner : chaque gouvernante [1] en prendra selon la mesure de son talent. Mais enfin, si peu qu'elles aient d'ouverture d'esprit, la chose ira moins mal quand on les formera à cette manière, qui est naturelle et simple.

Elles peuvent ajouter à leurs discours la vue des estampes ou des tableaux qui représentent agréablement les histoires saintes. Les estampes peuvent suffire, et il faut s'en servir pour l'usage ordinaire : mais, quand on aura la commodité de montrer aux enfants de bons tableaux, il ne faut pas le négliger; car la force des couleurs, avec la grandeur des figures au naturel, frappera bien davantage leur imagination [2].

---

1. *Gouvernante* : nous dirions aujourd'hui institutrice. Et, en effet, cela s'applique parfaitement à toutes les institutrices, non seulement à celles qui élèvent les enfants dans les familles, mais aux institutrices proprement dites, publiques et privées, et aux directrices de salles d'asile ; le talent de raconter est aussi indispensable aux unes qu'aux autres.

2. On cherche aujourd'hui à réaliser dans nos écoles ce désir si juste de Fénelon.

CHAPITRE VII

COMMENT IL FAUT FAIRE ENTRER DANS L'ESPRIT DES ENFANTS LES PREMIERS PRINCIPES DE LA RELIGION

Nous avons remarqué que le premier âge des enfants n'est pas propre à raisonner; non qu'ils n'aient déjà toutes les idées et tous les principes généraux de raison qu'ils auront dans la suite, mais parce que, faute de connaître beaucoup de faits, ils ne peuvent appliquer leur raison, et que d'ailleurs l'agitation de leur cerveau les empêche de suivre leurs pensées et de les lier[1].

Il faut pourtant, sans les presser, tourner doucement le premier usage de leur raison à connaître Dieu. Persuadez-les des vérités chrétiennes, sans leur donner des sujets de doute. Ils voient mourir quelqu'un; ils savent qu'on l'enterre; dites-leur : « Ce mort est-il dans le tombeau? — Oui. — Il n'est donc pas en paradis? — Pardonnez-moi; il y est. — Comment est-il dans le tombeau et dans le paradis en même temps? — C'est son âme qui est en paradis; c'est son corps qui est mis dans la terre. — Son âme n'est donc pas son corps? — Non. — L'âme n'est donc pas morte? — Non; elle vivra toujours dans le ciel. » Ajoutez : « Et vous, voulez-vous

1. Nous ne répétons plus ce que nous avons déjà dit sur les fausses théories physiologiques de Fénelon.

être sauvée? — Oui. — Mais qu'est-ce que se sauver? — C'est que l'âme va en paradis quand on est mort. — Et la mort, qu'est-ce? — C'est que l'âme quitte le corps, et que le corps s'en va en poussière. »

Je ne prétends pas qu'on mène d'abord les enfants à répondre ainsi ; je puis dire néanmoins que plusieurs m'ont fait ces réponses dès l'âge de quatre ans. Mais je suppose un esprit moins ouvert et plus reculé [1] ; le pis aller, c'est de l'attendre quelques années de plus sans impatience.

Il faut montrer aux enfants une maison et les accoutumer à comprendre que cette maison ne s'est pas bâtie d'elle-même. « Les pierres, leur direz-vous, ne se sont pas élevées sans que personne les portât. » Il est bon même de leur montrer des maçons qui bâtissent; puis faites-leur regarder le ciel, la terre, et les principales choses que Dieu y a faites pour l'usage de l'homme; dites-leur : « Voyez combien le monde est plus beau et mieux fait qu'une maison. S'est-il fait de lui-même? Non, sans doute; c'est Dieu qui l'a bâti de ses propres mains [2]. »

D'abord, suivez la méthode de l'Écriture : frappez vivement leur imagination; ne leur proposez rien qui ne soit revêtu d'images sensibles. Représentez Dieu assis sur un trône, avec des yeux plus brillants que les rayons du soleil et plus perçants que les éclairs : faites-le parler; donnez-lui des oreilles qui écoutent tout; des mains qui portent l'univers, des bras toujours levés pour punir les méchants, un cœur tendre et paternel pour rendre heureux ceux qui l'aiment. Viendra le temps que vous rendrez toutes ces connaissances plus exactes. Observez

1. *Plus reculé :* plus arriéré, moins avancé.
2. On retrouvera le développement philosophique de cette démonstration dans la première partie du *Traité de l'existence de Dieu* (1713).

toutes les ouvertures que l'esprit de l'enfant vous donnera; tâtez-le par divers endroits, pour découvrir par
où les grandes vérités peuvent mieux entrer dans sa
tête. Surtout ne lui dites rien de nouveau sans le lui
familiariser par quelque comparaison sensible.

Par exemple, demandez-lui s'il aimerait mieux mourir
que de renoncer à Jésus-Christ; il vous répondra :
« Oui. » Ajoutez : « Mais quoi! donneriez-vous votre
tête à couper pour aller en paradis? — Oui. » Jusque-là,
l'enfant croit qu'il aurait assez de courage pour le faire.
Mais vous, qui voulez lui faire sentir qu'on ne peut rien
sans la grâce, vous ne gagnerez rien, si vous lui dites
simplement qu'on a besoin de grâce pour être fidèle : il
n'entend point tous ces mots-là, et, si vous l'accoutumez
à les dire sans les entendre, vous n'en êtes pas plus
avancé. Que ferez-vous donc? Racontez-lui l'histoire de
saint Pierre; représentez-le qui dit d'un ton présomp-
tueux : « S'il faut mourir, je vous suivrai; quand tous
les autres vous quitteraient, je ne vous abandonnerai
jamais. » Puis dépeignez sa chute; il renie trois fois
Jésus-Christ; une servante lui fait peur. Dites pourquoi
Dieu permit qu'il fût si faible : puis servez-vous de la
comparaison d'un enfant ou d'un malade qui ne saurait
marcher tout seul, et faites-lui entendre que nous avons
besoin que Dieu nous porte, comme une nourrice porte
son enfant : par là vous rendrez sensible le mystère de
la grâce.

Mais la vérité la plus difficile à faire entendre est que
nous avons une âme plus précieuse que notre corps. On
accoutume d'abord les enfants à parler de leur âme; et
on fait bien, car ce langage qu'ils n'entendent point ne
laisse pas de les accoutumer à supposer confusément la
distinction du corps et de l'âme, en attendant qu'ils
puissent la concevoir. Autant que les préjugés de l'enfance sont pernicieux quand ils mènent à l'erreur, au-

5

tant sont-ils utiles lorsqu'ils accoutument l'imagination
à la vérité, en attendant que la raison puisse s'y tourner
par principes [1]. Mais enfin il faut établir une vraie persuasion. Comment le faire? Sera-ce en jetant une jeune
fille dans des subtilités de philosophie? Rien n'est si
mauvais, il faut se borner à lui rendre clair et sensible,
s'il se peut, ce qu'elle entend et ce qu'elle dit tous les
jours.

Pour son corps, elle ne le connaît que trop; tout la
porte à le flatter, à l'orner et à s'en faire une idole; il
est capital de lui en inspirer le mépris, en lui montrant
quelque chose de meilleur en elle.

Dites donc à un enfant en qui la raison agit déjà :
« Est-ce votre âme qui mange? » S'il répond mal, ne le
grondez point; mais dites-lui doucement que l'âme ne
mange pas. « C'est le corps, direz-vous, qui mange;
c'est le corps qui est semblable aux bêtes. Les bêtes
ont-elles de l'esprit? Sont-elles savantes? — Non, répondra l'enfant. — Mais elles mangent, continuerez-
vous, quoiqu'elles n'aient point d'esprit. Vous voyez
donc bien que ce n'est pas l'esprit qui mange, c'est le
corps qui prend les viandes pour se nourrir; c'est lui
qui marche, c'est lui qui dort. — Et l'âme, que fait-elle?
— Elle raisonne; elle connaît tout le monde; elle aime
certaines choses; il y en a d'autres qu'elle regarde avec
aversion. » Ajoutez, comme en vous jouant : « Voyez-
vous cette table? — Oui. — Vous la connaissez donc? —
Oui. — Vous voyez bien qu'elle n'est pas faite comme
cette chaise; vous savez bien qu'elle est de bois, et
qu'elle n'est pas comme la cheminée, qui est de pierre?

1. Il ne faudrait pas abuser de ce principe, au nom duquel on
justifierait trop facilement de très dangereuses erreurs. Il serait
mauvais, par exemple, de faire peur aux enfants avec Croquemitaine, sous prétexte que la crainte du pouvoir imaginaire de
Croquemitaine les conduirait plus tard au respect raisonné de
l'autorité.

— Oui, » répondra l'enfant. N'allez pas plus loin sans avoir reconnu, dans le ton de sa voix et dans ses yeux, que ces vérités si simples l'ont frappé. Puis dites-lui : « Mais cette table vous connaît-elle? » Vous verrez que l'enfant se mettra à rire, pour se moquer de cette question. N'importe, ajoutez : « Qui vous aime mieux de cette table ou de cette chaise? » Il rira encore. Continuez : « Et la fenêtre, est-elle bien sage? » Puis essayez d'aller plus loin. « Et cette poupée, vous répond-elle quand vous lui parlez? — Non. — Pourquoi? Est-ce qu'elle n'a point d'esprit? — Non, elle n'en a pas. — Elle n'est donc pas comme vous; car vous la connaissez, et elle ne vous connaît point. Mais, après votre mort, quand vous serez sous terre, ne serez-vous pas comme cette poupée? — Oui. — Vous ne sentirez plus rien? — Non. — Vous ne connaîtrez plus personne? — Non. — Et votre âme sera dans le ciel? — Oui. — N'y verra-t-elle pas Dieu? — Il est vrai. — Et l'âme de la poupée, où est-elle à présent? » Vous verrez que l'enfant souriant vous répondra, ou du moins vous fera entendre que la poupée n'a point d'âme.

Sur ce fondement, et par ces petits tours sensibles employés à diverses reprises, vous pouvez l'accoutumer peu à peu à attribuer au corps ce qui lui appartient et à l'âme ce qui vient d'elle, pourvu que vous n'alliez point indiscrètement lui proposer certaines actions qui sont communes au corps et à l'âme. Il faut éviter les subtilités qui pourraient embrouiller ces vérités, et il faut se contenter de bien démêler les choses où la différence du corps et de l'âme est plus sensiblement marquée. Peut-être même trouvera-t-on des esprits si grossiers, qu'avec une bonne éducation ils ne pourront entendre distinctement ces vérités; mais, outre qu'on conçoit quelquefois assez clairement une chose, quoiqu'on ne sache pas l'expliquer nettement, d'ailleurs

Dieu voit mieux que nous dans l'esprit de l'homme ce qu'il y a mis pour l'intelligence de ses mystères.

Pour les enfants en qui l'on apercevra un esprit capable d'aller plus loin, on peut, sans les jeter dans une étude qui sente trop la philosophie, leur faire concevoir, selon la portée de leur esprit, ce qu'ils disent quand on leur fait dire que Dieu est un esprit, et que leur âme est un esprit aussi. Je crois que le meilleur et le plus simple moyen de leur faire concevoir cette spiritualité de Dieu et de l'âme est de leur faire remarquer la différence qui est entre un homme mort et un homme vivant : dans l'un, il n'y a que le corps; dans l'autre, le corps est joint à l'esprit. Ensuite, il faut leur montrer que ce qui raisonne est bien plus parfait que ce qui n'a qu'une figure et du mouvement. Faites ensuite remarquer, par divers exemples, qu'aucun corps ne périt; ils se séparent seulement : ainsi les parties du bois brûlé tombent en cendre ou s'envolent en fumée. « Si donc, ajouterez-vous, ce qui n'est en soi-même que de la cendre, incapable de connaître et de penser, ne périt jamais, à plus forte raison notre âme, qui connaît et qui pense, ne cessera jamais d'être. Le corps peut mourir, c'est-à-dire qu'il peut quitter l'âme et être de la cendre; mais l'âme vivra, car elle pensera toujours. »

Les gens qui enseignent doivent développer le plus qu'ils peuvent dans l'esprit des enfants ces connaissances, qui sont les fondements de toute la religion. Mais, quand ils ne peuvent y réussir, ils doivent, bien loin de se rebuter des esprits durs et tardifs, espérer que Dieu les éclairera intérieurement. Il y a même une voie sensible et de pratique pour affermir cette connaissance de la distinction du corps et de l'âme : c'est d'accoutumer les enfants à mépriser l'un et à estimer l'autre, dans tout le détail des mœurs. Louez l'instruction, qui nourrit l'âme et qui la fait croître; estimez les hautes

vérités qui l'animent à se rendre sage et vertueuse.
Méprisez la bonne chère, les parures et tout ce qui
amollit le corps; faites sentir combien l'honneur, la
bonne conscience et la religion sont au-dessus des plaisirs grossiers. Par de tels sentiments, sans raisonner sur
le corps et sur l'âme, les anciens Romains avaient appris
à leurs enfants à mépriser leur corps et à le sacrifier,
pour donner à l'âme le plaisir de la vertu et de la gloire.
Chez eux, ce n'était pas seulement les personnes d'une
naissance distinguée, c'était le peuple entier qui naissait
tempérant, désintéressé, plein de mépris pour la vie,
uniquement sensible à l'honneur et à la sagesse. Quand
je parle des anciens Romains, j'entends ceux qui ont
vécu avant que l'accroissement de leur empire eût altéré
la simplicité de leurs mœurs.

Qu'on ne dise point qu'il serait impossible de donner
aux enfants de tels préjugés [1] par l'éducation. Combien
voyons-nous de maximes qui ont été établies parmi
nous contre l'impression des sens par la force de la
coutume ! Par exemple, celle du duel, fondée sur une
fausse règle de l'honneur. Ce n'était point en raison-
nant, mais en supposant sans raisonner la maxime établie sur le point d'honneur, qu'on exposait sa vie, et
que tout homme d'épée [2] vivait dans un péril continuel.
Celui qui n'avait aucune querelle pouvait en avoir à
toute heure avec des gens qui cherchaient des prétextes
pour se signaler dans quelque combat. Quelque modéré
qu'on fût, on ne pouvait, sans perdre le faux honneur,
ni éviter une querelle par un éclaircissement, ni refuser

---

1. *De tels préjugés* : de telles idées préconçues, acceptées par
l'enfant sans qu'il s'en rende compte, et qui seront justifiées plus
tard par l'expérience ou le raisonnement.

2. *Tout homme d'épée* : c'est-à-dire, au temps de Fénelon, tout
homme de naissance noble, qui n'était point d'Église ou de robe,
attaché au clergé ou à la magistrature.

d'être second du premier venu qui voulait se battre [1]. Quelle autorité n'a-t-il pas fallu pour déraciner une coutume si barbare ! Voyez donc combien les préjugés de l'éducation sont puissants ; ils le seront bien davantage pour la vertu, quand ils seront soutenus par la raison et par l'espérance du royaume du ciel.

Les Romains, dont nous avons déjà parlé, et avant eux les Grecs, dans les bons temps de leurs républiques, nourrissaient leurs enfants dans le mépris du faste et de la mollesse ; ils leur apprenaient à n'estimer que la gloire ; à vouloir, non pas posséder les richesses, mais vaincre les rois qui les possédaient ; à croire qu'on ne peut se rendre heureux que par la vertu. Cet esprit s'était si fortement établi dans ces républiques, qu'elles ont fait des choses incroyables, selon ces maximes si contraires à celles de tous les autres peuples. L'exemple de tant de martyrs et d'autres premiers chrétiens de toute condition et de tout âge fait voir que la grâce du baptême, étant ajoutée au secours de l'éducation, peut faire des impressions encore bien plus merveilleuses dans les fidèles, pour leur faire mépriser ce qui appartient au corps. Cherchons donc tous les tours les plus agréables et les comparaisons les plus sensibles, pour représenter aux enfants que notre corps est semblable aux bêtes et que notre âme est semblable aux anges. Représentez un cavalier qui est monté sur un cheval et qui le conduit ; dites que l'âme est à l'égard du corps ce que le cavalier est à l'égard du cheval. Finissez en concluant qu'une âme est bien faible et bien malheu-

1. Les *seconds*, au XVIe et jusque dans la première moitié du XVIIe siècle, ne se contentaient pas, comme les *témoins* d'aujourd'hui, d'assister au duel et d'en régler les conditions ; ils prenaient part au combat, sans autre raison que celle d'y avoir été invités, à titre d'amis, par l'un des deux adversaires. C'est Richelieu, on le sait, qui, par des ordonnances rigoureusement exécutées, parvint le premier à ralentir la fureur des duels.

reuse, quand elle se laisse emporter par son corps
comme par un cheval fougueux qui la jette dans un
précipice. Faites encore remarquer que la beauté du
corps est une fleur qui s'épanouit le matin et qui est le
soir flétrie et foulée aux pieds [1]; mais que l'âme est
l'image de la beauté immortelle de Dieu. « Il y a,
ajouterez-vous, un ordre de choses d'autant plus excellentes, qu'on ne peut les voir par les yeux grossiers de
la chair, comme on voit tout ce qui est ici-bas sujet
au changement et à la corruption. » Pour faire sentir
aux enfants qu'il y a des choses très réelles que les yeux
et les oreilles ne peuvent apercevoir, il leur faut demander s'il n'est pas vrai qu'un tel est sage et qu'un
tel autre a beaucoup d'esprit. Quand ils auront répondu :
oui, ajoutez : « Mais la sagesse d'un tel, l'avez-vous
vue ? de quelle couleur est-elle ? l'avez-vous entendue ?
fait-elle beaucoup de bruit ? l'avez-vous touchée ? est-
elle froide ou chaude ? » L'enfant rira; il en fera autant
pour les mêmes questions sur l'esprit ; il paraîtra tout
étonné qu'on lui demande de quelle couleur est un
esprit, s'il est rond ou carré. Alors vous pourrez lui
faire remarquer qu'il connaît donc des choses très véritables qu'on ne peut ni voir, ni toucher, ni entendre,
et que ces choses sont spirituelles. Mais il faut entrer
fort sobrement dans ces sortes de discours pour les
filles. Je ne les propose ici que pour celles dont la
curiosité et le raisonnement vous mèneraient malgré
vous jusqu'à ces questions. Il faut se régler selon l'ouverture de leur esprit et selon leur besoin.

Retenez leur esprit le plus que vous pourrez dans
les bornes communes ; et apprenez-leur qu'il doit y
avoir, pour leur sexe, une pudeur sur la science,

1. « Ce matin, dit Bossuet en parlant de la duchesse d'Or-
léans, elle fleurissait, avec quelles grâces ! vous le savez ; le soir,
nous la vîmes séchée.... » (*Oraison funèbre de Madame*, 1670.)

presque aussi délicate que celle qui inspire l'horreur
du vice [1].

En même temps, il faut faire venir l'imagination au
secours de l'esprit, pour leur donner des images charmantes des vérités de la religion, que le corps ne peut
voir. Il faut leur peindre la gloire céleste telle que
saint Jean nous la représente ; les larmes de tout œil
essuyées ; plus de mort, plus de douleurs ni de cris ;
les gémissements s'enfuiront, les maux seront passés ;
une joie éternelle sera sur la tête des bienheureux,
comme les eaux sont sur la tête d'un homme abîmé
au fond de la mer [2]. Montrez cette glorieuse Jérusalem,

---

1. C'est aussi à ce sentiment de « pudeur sur la science », si
délicatement indiqué par Fénelon, que Clitandre fait appel dans
Les Femmes savantes, tempérant, avec une mesure qui est celle de
la raison et du bon sens, ce que peuvent avoir de trop absolu
les invectives du bonhomme Chrysale contre les femmes pour
lesquelles *il n'est pas de science trop profonde* :

> Je consens qu'une femme ait des clartés de tout ;
> Mais je ne lui veux point la passion choquante
> De se rendre savante afin d'être savante ;
> Et j'aime que souvent, aux questions que l'on fait,
> Elle sache ignorer les choses qu'elle sait.
> De son étude enfin je veux qu'elle se cache,
> Et qu'elle ait du savoir sans vouloir qu'on le sache,
> Sans citer les auteurs, sans dire de grands mots,
> Et clouer de l'esprit à ses moindres propos.
>
> (*Les Femmes savantes*, I, III)

2. « .... Une lumière pure et douce se répand autour des corps
de ces hommes justes (les bons rois dans les Champs-Élysées)
et les environne de ses rayons comme d'un vêtement. Cette lumière n'est point semblable à la lumière sombre qui éclaire les
yeux des misérables mortels et qui n'est que ténèbres ; c'est
plutôt une gloire céleste qu'une lumière : elle pénètre plus subti-
lement les corps les plus épais, que les rayons du soleil ne
pénètrent le plus pur cristal ; elle n'éblouit jamais ; au contraire,
elle fortifie les yeux et porte dans le fond de l'âme je ne sais
quelle sérénité : c'est d'elle seule que ces hommes bienheureux
sont nourris ; elle sort d'eux, et elle y entre ; elle les pénètre et
s'incorpore à eux comme les aliments s'incorporent à nous. Ils

dont Dieu sera lui-même le soleil pour y former des jours sans fin ; un fleuve de paix, un torrent de délices, une fontaine de vie l'arrosera ; tout y sera or, perles et pierreries. Je sais bien que toutes ces images attachent aux choses sensibles ; mais, après avoir frappé les enfants par un si beau spectacle pour les rendre attentifs, on se sert des moyens que nous avons touchés pour les ramener aux choses spirituelles.

Concluez que nous ne sommes ici-bas que comme des voyageurs dans une hôtellerie ou sous une tente ; que le corps va périr ; qu'on ne peut retarder que de peu d'années sa corruption ; mais que l'âme s'envolera dans cette céleste patrie, où elle doit vivre à jamais de la vie de Dieu. Si l'on peut donner aux enfants l'habitude d'envisager avec plaisir ces grands objets, et de juger des choses communes par rapport à de si hautes espérances, on a aplani des difficultés infinies.

Je voudrais encore tâcher de leur donner de fortes impressions sur la résurrection des corps. Apprenez-leur que la nature n'est qu'un ordre commun que Dieu a établi dans ses ouvrages, et que les miracles ne sont que des exceptions à ces règles générales ; qu'ainsi il ne coûte pas plus à Dieu de faire cent miracles, qu'à moi de sortir de ma chambre un quart d'heure avant le temps où j'avais accoutumé d'en sortir. Ensuite rappelez l'histoire de la résurrection de Lazare, puis celle de la résurrection de Jésus-Christ et de ses apparitions familières pendant quarante jours devant tant de personnes. Enfin montrez qu'il ne peut être difficile à celui qui a fait les hommes de les refaire. N'oubliez pas la comparaison du grain de blé qu'on sème dans la terre

la voient, ils la sentent, ils la respirent ; elle fait naître en eux une source intarissable de paix et de joie : ils sont plongés dans cet abîme de délices comme les poissons dans la mer... » (Les Aventures de Télémaque, livre XIX.)

et qu'on fait pourrir [1], afin qu'il ressuscite et se multiplie.

Au reste, il ne s'agit point d'enseigner par mémoire
cette morale aux enfants, comme on leur enseigne le
catéchisme ; cette méthode n'aboutirait qu'à tourner la
religion en un langage affecté, du moins en des formalités ennuyeuses : aidez seulement leur esprit, et met-
tez-les en chemin de trouver ces vérités dans leur
propre fonds ; elles leur en seront plus propres et plus
agréables, elles s'imprimeront plus vivement ; profitez
des ouvertures pour leur faire développer ce qu'ils ne
voient encore que confusément.

Mais prenez garde qu'il n'est rien de si dangereux
que de leur parler du mépris de cette vie, sans leur
faire voir, par tout le détail de votre conduite, que
vous parlez sérieusement. Dans tous les âges, l'exemple
a un pouvoir étonnant sur nous ; dans l'enfance, il peut
tout. Les enfants se plaisent fort à imiter ; ils n'ont
point encore d'habitude qui leur rende l'imitation d'autrui difficile : de plus, n'étant pas capables de juger
par eux-mêmes du fond des choses, ils en jugent bien
plus par ce qu'ils voient dans ceux qui les proposent que
par les raisons dont ils les appuient ; les actions mêmes
sont bien plus sensibles que les paroles : si donc ils
voient faire le contraire de ce qu'on leur enseigne, ils
s'accoutument à regarder la religion comme une belle
cérémonie [2], et la vertu comme une idée impraticable.

Ne prenez jamais la liberté de faire devant les enfants
certaines railleries sur des choses qui ont rapport à la
religion. On se moquera de la dévotion de quelque
esprit simple ; on rira sur ce qu'il consulte son confes-

1. L'explication est fausse, et l'assimilation en devient forcée, le
blé qu'on sème dans la terre ne pourrissant point, ou devenant
incapable de germer, quand il pourrit.
2. C'est-à-dire comme quelque chose de tout à fait extérieur.

seur, ou sur les pénitences qui lui sont imposées. Vous croyez que tout cela est innocent; mais vous vous trompez : tout tire à conséquence en cette matière. Il ne faut jamais parler de Dieu, ni des choses qui concernent son culte, qu'avec un sérieux et un respect bien éloignés de ces libertés. Ne vous relâchez jamais sur aucune bienséance, mais principalement sur celles-là. Souvent les gens qui sont les plus délicats sur celles du monde sont les plus grossiers sur celles de la religion.

Quand l'enfant aura fait les réflexions nécessaires pour se connaître soi-même et pour connaître Dieu, joignez-y les faits d'histoire dont il sera déjà instruit; ce mélange lui fera trouver toute la religion assemblée dans sa tête; il remarquera avec plaisir le rapport qu'il y a entre ses réflexions et l'histoire du genre humain. Il aura reconnu que l'homme ne s'est point fait lui-même, que son âme est l'image de Dieu, que son corps a été formé avec tant de ressorts admirables par une industrie et une puissance divines; aussitôt il se souviendra de l'histoire de la création. Ensuite il songera qu'il est né avec des inclinations contraires à la raison, qu'il est trompé par le plaisir, emporté par la colère, et que son cœur entraîne son âme contre la raison, comme un cheval fougueux emporte un cavalier, au lieu que son âme devrait gouverner son corps; il apercevra la cause de ce désordre dans l'histoire du péché d'Adam; cette histoire lui fera attendre le Sauveur, qui doit réconcilier les hommes avec Dieu. Voilà tout le fond de la religion.

Pour faire mieux entendre les mystères, les actions et les maximes de Jésus-Christ, il faut disposer les jeunes personnes à lire l'Evangile. Il faudrait donc les préparer de bonne heure à lire la parole de Dieu, comme on les prépare à recevoir par la communion la chair de Jésus-Christ; il faudrait poser comme le principal

fondement l'autorité de l'Eglise, épouse du Fils de Dieu
et mère de tous les fidèles. C'est elle, direz-vous, qu'il
faut écouter, parce que le Saint-Esprit l'éclaire pour
nous expliquer les Ecritures ; on ne peut aller que par
elle à Jésus-Christ. Ne manquez pas de relire souvent
avec les enfants les endroits où Jésus-Christ promet de
soutenir et d'animer l'Eglise, afin qu'elle conduise ses
enfants dans la voie de la vérité. Surtout inspirez aux
filles cette sagesse sobre et tempérée que saint Paul
recommande ; faites-leur craindre le piège de la nouveauté [1], dont l'amour est si naturel à leur sexe ; pré-
venez-les d'une horreur salutaire pour toute singularité
en matière de religion ; proposez-leur cette perfection
céleste, cette merveilleuse discipline qui régnait parmi
les premiers chrétiens ; faites-les rougir de nos relâche-
ments, faites-les soupirer après cette pureté évangélique ; mais éloignez avec un soin extrême toutes les
pensées de critique présomptueuse et de réformation
indiscrète.

Songez donc à leur mettre devant les yeux l'Evangile et les grands exemples de l'antiquité ; mais ne le
faites qu'après avoir éprouvé leur docilité et la simplicité de leur foi. Revenez toujours à l'Eglise ; montrez-
leur, avec les promesses qui lui sont faites et avec l'autorité qui lui est donnée dans l'Evangile, la suite de
tous les siècles où cette Eglise a conservé, parmi tant
d'attaques et de révolutions, la succession inviolable
des pasteurs et de la doctrine, qui sont l'accomplissement manifeste des promesses divines. Pourvu que vous
posiez le fondement de l'humilité, de la soumission et
de l'aversion pour toute singularité suspecte, vous mon-

1. Dans ce passage et dans plusieurs de ceux qui suivent, on
remarquera la trace bien naturelle des préoccupations de Fénelon, qui, au moment où il écrivait son livre, dirigeait l'institution des Nouvelles Catholiques.

trerez avec beaucoup de fruit aux jeunes personnes tout ce qu'il y a de plus parfait dans la loi de Dieu, dans l'institution des sacrements et dans la pratique de l'ancienne Église. Je sais qu'on ne peut pas espérer de donner ces instructions dans toute leur étendue à toutes sortes d'enfants ; je le propose seulement ici, afin qu'on les donne le plus exactement qu'on pourra, selon le temps et selon la disposition des esprits qu'on voudra instruire.

La superstition est sans doute à craindre pour le sexe ; mais rien ne la déracine ou ne la prévient mieux qu'une instruction solide. Cette instruction, quoiqu'elle doive être renfermée dans de justes bornes et être bien éloignée de toutes les études des savants, va pourtant plus loin qu'on ne croit d'ordinaire. Tel pense être bien instruit, qui ne l'est point, et dont l'ignorance est si grande, qu'il n'est pas même en état de sentir ce qui lui manque pour connaître le fond du christianisme. Il ne faut jamais laisser mêler dans la foi ou dans les pratiques de piété rien qui ne soit tiré de l'Évangile ou autorisé par une approbation constante de l'Église. Il faut prémunir discrètement les enfants contre certains abus qui sont si communs qu'on est tenté de les regarder comme des points de la discipline présente de l'Église, quand on n'est pas bien instruit [1] ; on ne peut entièrement s'en garantir, si l'on ne remonte à la source, si l'on ne connaît l'institution des choses et l'usage que les saints en ont fait.

Accoutumez donc les filles, naturellement trop crédules, à n'admettre pas légèrement certaines histoires sans autorité, et à ne s'attacher pas à de certaines

1. C'est le texte de l'édition de 1687 ; d'autres éditions portent : « Il faut prémunir discrètement les enfants contre certains abus qu'on est quelquefois tenté de regarder comme des points de discipline, quand on n'est pas bien instruit. »

dévotions qu'un zèle indiscret introduit, sans attendre
que l'Eglise les approuve.

Le vrai moyen de leur apprendre ce qu'il faut penser
là-dessus n'est pas de critiquer ces choses, qu'un pieux
motif a souvent introduites, et qu'on doit respecter
pour cette raison ; mais de montrer, sans les blâmer,
qu'elles n'ont point un solide fondement [1].

Contentez-vous de ne faire jamais entrer ces choses
dans les instructions qu'on donne sur le christianisme.
Ce silence suffira pour accoutumer d'abord les enfants
à concevoir le christianisme dans toute son intégrité et
dans toute sa perfection, sans y ajouter ces pratiques.
Dans la suite, vous pourrez les préparer doucement
contre les discours des calvinistes. Je crois que cette
instruction ne sera pas inutile, puisque nous sommes
mêlés tous les jours avec des personnes préoccupées de
leurs sentiments, qui en parlent dans les conversations
les plus familières.

« Ils nous imputent, direz-vous, mal à propos tels
excès sur les images, sur l'invocation des saints, sur la
prière pour les morts, sur les indulgences. Voilà à quoi
se réduit ce que l'Eglise enseigne sur le baptème, sur
la confirmation, sur le sacrifice de la messe, sur la
pénitence, sur la confession, sur l'autorité des pasteurs,
sur celle du pape, qui est le premier d'entre eux par
l'institution de Jésus-Christ même, et duquel on ne
peut se séparer sans quitter l'Eglise.

« Voilà, continuerez-vous, tout ce qu'il faut croire ;
ce que les calvinistes nous accusent d'y ajouter n'est
point la doctrine catholique ; c'est mettre un obstacle

---

1. Variante : « Le vrai moyen de leur apprendre ce qu'il faut
penser là-dessus n'est pas de critiquer sévèrement ces choses,
auxquelles un pieux motif a pu donner quelque cours, mais de
montrer, sans les blâmer, qu'elles n'ont point un solide fondement. »

à leur réunion que de vouloir les assujettir à des opinions qui les choquent et que l'Eglise désavoue, comme si ces opinions faisaient partie de notre foi. » En même temps, ne négligez jamais de montrer combien les calvinistes ont condamné témérairement les cérémonies les plus anciennes et les plus saintes ; ajoutez que les choses nouvellement instituées, étant conformes à l'ancien esprit, méritent un profond respect, puisque l'autorité qui les établit est toujours celle de l'épouse immortelle du Fils de Dieu.

En leur parlant ainsi de ceux qui ont arraché aux anciens pasteurs une partie de leur troupeau, sous prétexte d'une réforme, ne manquez pas de faire remarquer combien ces hommes superbes ont oublié la faiblesse humaine, et combien ils ont rendu la religion impraticable pour tous les simples, lorsqu'ils ont voulu engager tous les particuliers à examiner par eux-mêmes tous les articles de la doctrine chrétienne dans les Ecritures, sans se soumettre aux interprétations de l'Eglise. Représentez l'Ecriture sainte, au milieu des fidèles, comme la règle souveraine de la foi. « Nous ne reconnaissons pas moins que les hérétiques, direz-vous, que l'Eglise doit se soumettre à l'Ecriture ; mais nous disons que le Saint-Esprit aide l'Eglise pour expliquer bien l'Ecriture. Ce n'est pas l'Eglise que nous préférons à l'Ecriture, mais l'explication de l'Ecriture faite par toute l'Eglise à notre propre explication. N'est-ce pas le comble de l'orgueil et de la témérité à un particulier de craindre que l'Eglise ne se soit trompée dans sa décision, et de ne craindre pas de se tromper soi-même en décidant contre elle ? »

Inspirez encore aux enfants le désir de savoir les raisons de toutes les cérémonies et de toutes les paroles qui composent l'office divin et l'administration des sacrements ; montrez-leur les fonts baptismaux ; qu'ils

voient baptiser; qu'ils considèrent, le jeudi saint, comment on fait les saintes huiles, et, le samedi, comment
on bénit l'eau des fonts. Donnez-leur le goût, non des
sermons pleins d'ornements vains et affectés, mais des
discours sensés et édifiants, comme des bons prônes et
des homélies, qui leur fassent entendre clairement la
lettre de l'Évangile [1]. Faites-leur remarquer ce qu'il y a
de beau et de touchant dans la simplicité de ces instructions, et inspirez-leur l'amour de la paroisse, où le pas-
teur parle avec bénédiction et avec autorité, si peu qu'il
ait de talent et de vertu. Mais en même temps faites-
leur aimer et respecter toutes les communautés qui
concourent au service de l'Église; ne souffrez jamais
qu'ils se moquent de l'habit ou de l'état des religieux;
montrez la sainteté de leur institut, l'utilité que la religion en tire, et le nombre prodigieux de chrétiens qui
tendent dans ces saintes retraites à une perfection qui
est presque impraticable dans les engagements du siècle [2]. Accoutumez l'imagination des enfants à entendre
parler de la mort; à voir, sans se troubler, un drap
mortuaire, un tombeau ouvert, les malades mêmes qui
expirent et des personnes déjà mortes, si vous pouvez
le faire sans les exposer à un saisissement de frayeur [3].

1. Fénelon a développé ses idées relativement à ce point dans
ses *Dialogues sur l'éloquence en général et sur celle de la chaire
en particulier*, qui sont, comme l'*Éducation des filles*, une œuvre
de sa jeunesse, mais qui ne furent publiés qu'après sa mort,
en 1718.
2. *Du siècle:* de la vie séculière, mondaine.
3. *Sans les exposer à un saisissement de frayeur.* Cette dernière
restriction atténue la portée du conseil que donne Fénelon; nous
croyons toutefois qu'ici son zèle religieux l'entraîne trop loin. À
un autre point de vue que celui où il se place, au point de vue
de l'instruction, il est utile de familiariser les enfants avec la vue
des squelettes, des pièces anatomiques de nos collections et de
nos musées. Sous cette forme, cela n'est ni difficile ni dangereux. Mais il faut rappeler à Fénelon ce qu'il a si bien dit ail-

Il n'est rien de plus fâcheux que de voir beaucoup de personnes qui ont de l'esprit et de la piété, ne pouvoir penser à la mort sans frémir; d'autres pâlissent pour s'être trouvées au nombre de treize à table, ou pour avoir eu certains songes, ou pour avoir vu renverser une salière; la crainte de tous ces présages imaginaires est un reste grossier du paganisme. Faites-en voir la vanité et le ridicule. Quoique les femmes n'aient pas les mêmes occasions que les hommes de montrer leur courage, elles doivent pourtant en avoir. La lâcheté est méprisable partout, partout elle a de méchants effets. Il faut qu'une femme sache résister à de vaines alarmes, qu'elle soit ferme contre certains périls imprévus, qu'elle ne pleure ni ne s'effraye que pour de grands sujets; encore faut-il s'y soutenir par vertu. Quand on est chrétien, de quelque sexe qu'on soit, il n'est pas permis d'être lâche. L'âme du christianisme, si l'on peut parler ainsi, est le mépris de cette vie et l'amour de l'autre.

leurs sur la nécessité d'écarter de l'enfant les impressions violentes, et tenir pour certain que le spectacle de la mort et de ses horreurs est de nature à déranger, quelquefois pour toujours, — cela s'est vu, — l'instable équilibre de ce cerveau qui « est comme une bougie allumée dans un lieu exposé au vent. » C'est seulement dans le cas d'une inévitable nécessité qu'on peut se croire le droit de soumettre l'imagination de l'enfant à de si terribles épreuves.

CHAPITRE VIII

INSTRUCTION SUR LE DÉCALOGUE, SUR LES SACREMENTS ET SUR LA PRIÈRE

Ce qu'il y a de principal à mettre sans cesse devant les yeux des enfants, c'est Jésus-Christ, auteur et consommateur de notre foi, le centre de toute la religion, et notre unique espérance. Je n'entreprends pas de dire ici comment il faut leur enseigner le mystère de l'incarnation; car cet enseignement me mènerait trop loin, et il y a assez de livres où l'on peut trouver à fond tout ce qu'on en doit enseigner. Quand les principes sont posés, il faut réformer tous les jugements et toutes les actions de la personne qu'on instruit, sur le modèle de Jésus-Christ même, qui n'a pris un corps mortel que pour nous apprendre à vivre et à mourir, en nous montrant dans sa chair, semblable à la nôtre, tout ce que nous devons croire et pratiquer. Ce n'est pas qu'il faille à tout moment comparer les sentiments et les actions de l'enfant avec la vie de Jésus-Christ; cette comparaison deviendrait fatigante et indiscrète; mais il faut accoutumer les enfants à regarder la vie de Jésus-Christ comme notre exemple, et sa parole comme notre loi. Choisissez parmi ses discours et parmi les actions ce qui est le plus proportionné à l'enfant. S'il s'impatiente de souffrir quelque incommodité, rappelez-lui le souvenir de Jésus-Christ sur la croix ; s'il ne peut se résoudre à quelque travail rebutant, montrez-lui Jésus-Christ travaillant jusqu'à trente ans dans une boutique ; s'il veut être loué et estimé, parlez-lui des opprobres dont le Sauveur est rassasié ; s'il ne peut s'accorder avec les gens qui l'environnent, faites-lui considérer Jésus-Christ conversant avec les pécheurs et avec les hypocrites les plus abominables ; s'il témoigne quelque ressentiment, hâtez-vous de lui représenter Jésus-Christ mourant sur la croix pour ceux mêmes qui le faisaient mourir ; s'il se laisse emporter à une joie immodeste, peignez-lui la douceur et la modestie de Jésus-Christ, dont toute la vie a été si grave et si sérieuse. Enfin faites qu'il se représente souvent ce que Jésus-Christ penserait et ce qu'il dirait de nos conversations, de nos amusements et de nos occupations les plus sérieuses, s'il était encore visible au milieu de nous. « Quel serait, continuerez-vous, notre étonnement, s'il paraissait tout d'un coup au milieu de nous, lorsque nous sommes dans le plus profond oubli de sa loi ! Mais n'est-ce pas ce qui arrivera à chacun de nous à la mort, et au monde entier, quand l'heure secrète du jugement universel sera venue [1] ? » Alors il faut peindre le renversement de la machine de l'univers, le soleil obscurci, les étoiles tombant de leurs places, les

1. On peut rapprocher de ce passage le mouvement oratoire de Massillon dans son célèbre sermon *Sur le petit nombre des élus :* « Or, je vous le demande, et je vous le demande frappé de terreur, ne séparant pas en ce point mon sort du vôtre, et me mettant dans la même disposition où je souhaite que vous entriez ; je vous demande donc : Si Jésus-Christ paraissait dans ce temple, au milieu de cette assemblée, la plus auguste de l'univers, pour nous juger, pour faire le terrible discernement des boucs et des brebis, croyez-vous que le plus grand nombre de ce que nous sommes ici fût placé à la droite ? Croyez-vous que les choses du moins fussent égales ?... Etc. »

éléments embrasés s'écoulant comme des fleuves de
feu, les fondements de la terre ébranlés jusqu'au centre.
« De quels yeux, ajouterez-vous, devons-nous donc regarder ce ciel qui nous couvre, cette terre qui nous
porte, ces édifices que nous habitons, et tous ces autres
objets qui nous environnent, puisqu'ils sont réservés
au feu? » Montrez ensuite les tombeaux ouverts, les
morts qui rassembleront les débris de leurs corps,
Jésus-Christ qui descendra sur les nues avec une haute
majesté ; ce livre ouvert où seront écrites jusqu'aux
plus secrètes pensées des cœurs ; cette sentence prononcée à la face de toutes les nations et de tous les
siècles ; cette gloire qui s'ouvrira pour couronner à
jamais les justes et pour les faire régner avec Jésus-
Christ sur le même trône ; enfin, cet étang de feu et de
soufre, cette nuit et cette horreur éternelle, ce grince-
ment de dents, et cette rage commune avec les dé-
mons, qui sera le partage des âmes pécheresses.

Ne manquez pas d'expliquer à fond le Décalogue ;
faites voir que c'est un abrégé de la loi de Dieu et
qu'on trouve dans l'Evangile ce qui n'est contenu dans
le Décalogue que par des conséquences éloignées. Dites
ce que c'est que conseil, et empêchez les enfants que
vous instruisez de se flatter, comme le commun des
hommes, par une distinction qu'on pousse trop loin
entre les conseils et les préceptes. Montrez que les conseils sont donnés pour faciliter les préceptes, pour
assurer les hommes contre leur propre fragilité, pour
les éloigner du bord du précipice, où ils seraient en-
traînés par leur propre poids ; qu'enfin les conseils
deviennent des préceptes absolus pour ceux qui ne
peuvent, en certaines occasions, observer les préceptes
sans les conseils. Par exemple, les gens qui sont trop
sensibles à l'amour du monde, et aux pièges des compagnies, sont obligés de suivre le conseil évangélique

de quitter tout pour se retirer dans une solitude. Ré-
pétez souvent que la lettre tue, et que c'est l'esprit qui
vivifie, c'est-à-dire que la simple observation du culte
extérieur est inutile et nuisible, si elle n'est intérieurement animée par l'esprit d'amour et de religion. Rendez
ce langage clair et sensible : faites voir que Dieu veut
être honoré du cœur et non des lèvres ; que les cérémonies servent à exprimer notre religion et à l'exciter,
mais que les cérémonies ne sont pas la religion même ;
qu'elle est tout au dedans, puisque Dieu cherche des
adorateurs en esprit et en vérité ; qu'il s'agit de l'aimer
intérieurement, et de nous regarder comme s'il n'y
avait dans toute la nature que lui et nous ; qu'il n'a pas
besoin de nos paroles, de nos postures, ni même de
notre argent ; que ce qu'il veut, c'est nous-mêmes ;
qu'on ne doit pas seulement exécuter ce que la loi
ordonne, mais encore l'exécuter pour en tirer le fruit
que la loi a eu en vue quand elle l'a ordonné, qu'ainsi
ce n'est rien d'entendre la messe, si l'on ne l'entend afin
de s'unir à Jésus-Christ, sacrifié pour nous, et de s'édifier de tout ce qui nous représente son immolation.
Finissez en disant que tous ceux qui crieront : « Seigneur ! Seigneur ! » n'entreront pas au royaume du ciel ;
que, si l'on n'entre dans les vrais sentiments d'amour
de Dieu, de renoncement aux biens temporels, de mépris de soi-même, et d'horreur pour le monde, on fait
du christianisme un fantôme trompeur pour soi et pour
les autres.

Passez aux sacrements ; je suppose que vous en avez
déjà expliqué toutes les cérémonies à mesure qu'elles
se sont faites en présence de l'enfant, comme nous
l'avons dit. C'est ce qui en fera mieux sentir l'esprit et
la fin : par là vous ferez entendre combien il est grand
d'être chrétien, combien il est honteux et funeste de
l'être comme on l'est dans le monde. Rappelez souvent

les exorcismes et les promesses du baptême, pour montrer que les exemples et les maximes du monde, bien
loin d'avoir quelque autorité sur nous, doivent nous
rendre suspect tout ce qui nous vient d'une source si
odieuse et si empoisonnée. Ne craignez pas même de
représenter, comme saint Paul, le démon régnant dans
le monde et agitant le cœur des hommes par toutes
les passions violentes, qui leur font rechercher les richesses, la gloire et les plaisirs. « C'est cette pompe,
direz-vous, qui est encore plus celle du démon que du
monde ; c'est ce spectacle de vanité auquel un chrétien
ne doit ouvrir ni son cœur ni ses yeux. Le premier pas
qu'on fait par le baptême dans le christianisme est un
renoncement à toute la pompe mondaine : rappeler le
monde, malgré les promesses si solennelles faites à
Dieu, c'est tomber dans une espèce d'apostasie ; comme
un religieux qui, malgré ses vœux, quitterait son
cloître et son habit de pénitence pour rentrer dans le
siècle. »

Ajoutez combien nous devons fouler aux pieds les
mépris mal fondés, les railleries impies et les violences
mêmes du monde, puisque la confirmation nous rend
soldats de Jésus-Christ pour combattre cet ennemi.

L'évêque, direz-vous, vous a frappé pour vous en-
durcir contre les coups les plus violents de la persécution ;
il a fait sur vous une onction sacrée, afin de représenter
les anciens, qui s'oignaient d'huile pour rendre leurs
membres plus souples et plus vigoureux quand ils
allaient au combat ; enfin il a fait sur vous le signe de
la croix, pour vous montrer que vous devez être crucifié
avec Jésus-Christ. Nous ne sommes plus, continuerez-
vous, dans le temps des persécutions, où l'on faisait
mourir ceux qui ne voulaient pas renoncer à l'Évangile ;
mais le monde, qui ne peut cesser d'être monde, c'est-
à-dire corrompu, fait toujours une persécution indirecte

à la piété; il lui tend des pièges pour la faire tomber, il la décrie, il s'en moque; et il rend la pratique si difficile dans la plupart des conditions, qu'au milieu même des nations chrétiennes, et où l'autorité souveraine appuie le christianisme [1], on est en danger de rougir du nom de Jésus-Christ et de l'imitation de sa vie. »

Représentez fortement le bonheur que nous avons d'être incorporés à Jésus-Christ par l'eucharistie. Dans le baptême, il nous fait ses frères; dans l'eucharistie, il nous fait ses membres. Comme il s'était donné, par l'incarnation, à la nature humaine en général, il se donne par l'eucharistie, qui est une suite si naturelle de l'incarnation, à chaque fidèle en particulier. Tout est réel dans la suite de ses mystères. Jésus-Christ donne sa chair aussi réellement qu'il l'a prise : mais c'est se rendre coupable du corps et du sang du Seigneur, c'est boire et manger son jugement, que de manger la chair vivifiante de Jésus-Christ sans vivre de son esprit. *Celui*, dit-il lui-même, *qui me mange doit vivre pour moi.*

« Mais quel malheur, direz-vous encore, d'avoir besoin du sacrement de la pénitence, qui suppose qu'on a péché depuis qu'on a été fait enfant de Dieu! Quoique cette puissance toute céleste qui s'exerce sur la terre, et que Dieu a mise dans les mains des prêtres pour lier et pour délier les pécheurs, selon leurs besoins, soit une si grande source de miséricordes, il faut trembler dans la crainte d'abuser des dons de Dieu et de sa patience. Pour le corps de Jésus-Christ, qui est la vie, la force et la consolation des justes, il faut désirer ardemment de pouvoir s'en nourrir tous les jours; mais, pour le remède

---

1. Fénelon écrivait son livre à une époque où « l'autorité souveraine appuyait le christianisme » par des moyens que nous réprouverions aujourd'hui, mais auxquels tout le monde applaudissait alors, Fénelon aussi bien que ses contemporains : c'était le temps des *dragonnades.*

des âmes malades, il faut souhaiter de parvenir à une santé si parfaite, qu'on en diminue tous les jours le besoin. Le besoin, quoi qu'on fasse, ne sera que trop grand; mais ce serait bien pis si l'on faisait de toute sa vie un cercle continuel et scandaleux du péché à la pénitence, et de la pénitence au péché. Il n'est donc question de se confesser que pour se convertir et se corriger; autrement les paroles de l'absolution, quelque puissantes qu'elles soient par l'institution de Jésus-Christ, ne seraient, par notre indisposition, que des paroles, mais des paroles funestes qui seraient notre condamnation devant Dieu. Une confession, sans changement intérieur, bien loin de décharger une conscience du fardeau de ses péchés, ne fait qu'ajouter aux autres péchés celui d'un monstrueux sacrilège. »

Faites lire aux enfants que vous élevez les prières des agonisants, qui sont admirables; montrez-leur ce que l'Église fait et ce qu'elle dit, en donnant l'extrême-onction aux mourants. Quelle consolation pour eux de recevoir encore un renouvellement de l'onction sacrée pour ce dernier combat! Mais, pour se rendre digne des grâces de la mort, il faut être fidèle à celles de la vie.

Admirez les richesses de la grâce de Jésus-Christ, qui n'a pas dédaigné d'appliquer le remède à la source du mal, en sanctifiant la source de notre naissance, qui est le mariage. Qu'il était convenable de faire un sacrement de cette union de l'homme et de la femme, qui représente celle de Dieu avec sa créature, et de Jésus-Christ avec son Eglise! Que cette bénédiction était nécessaire pour modérer les passions brutales des hommes, pour répandre la paix et la consolation sur toutes les familles, pour transmettre la religion comme un héritage de génération en génération! De là il faut conclure que le mariage est un état très saint et très pur, quoiqu'il soit moins parfait que la virginité; qu'il faut y être appelé; qu'on n'y doit chercher ni les plaisirs grossiers ni la pompe mondaine; qu'on doit seulement désirer d'y former des saints.

Louez la sagesse infinie du Fils de Dieu, qui a établi des pasteurs pour le représenter parmi nous, pour nous instruire en son nom, pour nous donner son corps, pour nous réconcilier avec lui après nos chutes, pour former tous les jours de nouveaux fidèles, et même de nouveaux pasteurs qui nous conduisent après eux, afin que l'Eglise se conserve dans tous les siècles sans interruption. Montrez qu'il faut se réjouir que Dieu ait donné une telle puissance aux hommes. Ajoutez avec quel sentiment de religion on doit respecter les oints du Seigneur : ils sont les hommes de Dieu et les dispensateurs de ses mystères. Il faut donc baisser les yeux et gémir dès qu'on aperçoit en eux la moindre tache qui ternit l'éclat de leur ministère; il faudrait souhaiter de la pouvoir laver dans son propre sang. Leur doctrine n'est pas la leur; qui les écoute écoute Jésus-Christ même; quand ils sont assemblés au nom de Jésus-Christ pour expliquer les Ecritures, le Saint-Esprit parle avec eux. Leur temps n'est point à eux : il ne faut donc pas vouloir les faire descendre d'un si haut ministère, où ils doivent se dévouer à la parole et à la prière, pour être les médiateurs entre Dieu et les hommes, et les rabaisser jusqu'à des affaires du siècle. Il est encore moins permis de vouloir profiter de leurs revenus, qui sont le patrimoine des pauvres et le prix des péchés du peuple; mais le plus affreux désordre est de vouloir élever ses parents et ses amis à ce redoutable ministère sans vocation et par des vues d'intérêt temporel.

Il reste à montrer la nécessité de la prière, fondée sur le besoin de la grâce, que nous avons déjà expliqué. « Dieu, dira-t-on à un enfant, veut qu'on lui demande sa grâce, non parce qu'il ignore notre besoin, mais

parce qu'il veut nous assujettir à une demande qui nous
excite à reconnaître ce besoin : ainsi c'est l'humiliation
de notre cœur, le sentiment de notre misère et de notre
impuissance, enfin la confiance en sa bonté, qu'il exige
de nous. Cette demande, qu'il veut qu'on lui fasse, ne
consiste que dans l'intention et dans le désir; car il n'a
pas besoin de nos paroles. Souvent on récite beaucoup
de paroles sans prier, et souvent on prie intérieurement
sans prononcer aucune parole. Ces paroles peuvent
néanmoins être très utiles; car elles excitent en nous
les pensées et les sentiments qu'elles expriment si l'on
y est attentif : c'est pour cette raison que Jésus-Christ
nous a donné une forme de prière. Quelle consolation
de savoir par Jésus-Christ même comment son Père veut
être prié! Quelle force doit-il y avoir dans des demandes
que Dieu même nous met dans la bouche! Comment
ne nous accorderait-il pas ce qu'il a soin de nous apprendre à demander? » Après cela, montrez combien
cette prière est simple et sublime, courte, et pleine de
tout ce que nous pouvons attendre d'en haut.

Le temps de la première confession des enfants est
une chose qu'on ne peut décider ici : il doit dépendre
de l'état de leur esprit, et encore plus de celui de leur
conscience. Il faut leur enseigner ce que c'est que la
confession, dès qu'ils paraissent capables de l'entendre.
Ensuite attendez la première faute un peu considérable
que l'enfant fera; donnez-lui en beaucoup de confusion
et de remords. Vous verrez qu'étant instruit déjà sur la
confession, il cherchera naturellement à se consoler en
s'accusant au confesseur. Il faut tâcher de faire en sorte
qu'il s'excite à un vif repentir, et qu'il trouve dans la
confession un sensible adoucissement à sa peine, afin
que cette première confession fasse une impression
extraordinaire dans son esprit et qu'elle soit une source
de grâces pour toutes les autres.

La première communion, au contraire, me semble devoir être faite dans le temps où l'enfant, parvenu à l'usage de raison, paraîtra plus docile et plus exempt de tout défaut considérable. C'est parmi ces prémices de foi et d'amour de Dieu que Jésus-Christ se fera mieux sentir et goûter à lui par les grâces de la communion. Elle doit être longtemps attendue, c'est-à-dire qu'on doit l'avoir fait espérer à l'enfant dès sa première enfance, comme le plus grand bien qu'on puisse avoir sur la terre en attendant les joies du ciel. Je crois qu'il faudrait la rendre la plus solennelle qu'on peut; qu'il paraisse à l'enfant qu'on a les yeux attachés sur lui pendant ces jours-là, qu'on l'estime heureux, qu'on prend part à sa joie, et qu'on attend de lui une conduite au-dessus de son âge pour une action si grande. Mais, quoiqu'il faille donc préparer beaucoup l'enfant à la communion, je crois que, quand il y est préparé, on ne saurait le prévenir trop tôt d'une si précieuse grâce, avant que son innocence soit exposée aux occasions dangereuses où elle commence à se flétrir.

CHAPITRE IX

Nous avons encore à parler du soin qu'il faut prendre pour préserver les filles de plusieurs défauts ordinaires à leur sexe. On les nourrit dans une mollesse et dans une timidité qui les rend incapables d'une conduite ferme et réglée. Au commencement, il y a beaucoup d'affectation, et ensuite beaucoup d'habitude, dans ces craintes mal fondées et dans ces larmes qu'elles versent à si bon marché : le mépris de ces affectations peut servir beaucoup à les corriger, puisque la vanité y a tant de part.

Il faut aussi réprimer en elles les amitiés trop tendres, les petites jalousies, les compliments excessifs, les flatteries, les empressements : tout cela les gâte et les accoutume à trouver que tout ce qui est grave et sérieux est trop sec et trop austère. Il faut même tâcher de faire en sorte qu'elles s'étudient à parler d'une manière courte et précise. Le bon esprit consiste à retrancher tout discours inutile et à dire beaucoup en peu de mots; au lieu que la plupart des femmes disent peu en beaucoup de paroles. Elles prennent la facilité de parler et la vivacité d'imagination pour l'esprit; elles ne choisissent point entre leurs pensées; elles n'y mettent aucun

ordre par rapport aux choses qu'elles ont à expliquer;
elles sont passionnées sur presque tout ce qu'elles disent,
et la passion fait parler beaucoup : cependant, on ne
peut espérer rien de fort bon d'une femme, si l'on ne la
réduit à réfléchir de suite, à examiner ses pensées, à
les expliquer d'une manière courte, et à savoir ensuite
se taire.

Une autre chose contribue beaucoup aux longs discours des femmes : c'est qu'elles sont nées artificieuses,
et qu'elles usent de longs détours pour venir à leur but.
Elles estiment la finesse; et comment ne l'estimeraient-
elles pas, puisqu'elles ne connaissent point de meilleure
prudence, et que c'est d'ordinaire la première chose que
l'exemple leur a enseignée? Elles ont un naturel souple
pour jouer facilement toutes sortes de comédies; les
larmes ne leur coûtent rien; leurs passions sont vives, et
leurs connaissances bornées : de là vient qu'elles ne négligent rien pour réussir, et que les moyens qui ne con-
viendraient pas à des esprits plus réglés leur paraissent
bons; elles ne raisonnent guère pour examiner s'il faut
désirer une chose, mais elles sont très industrieuses
pour y parvenir.

Ajoutez qu'elles sont timides et pleines de fausse
honte; ce qui est encore une source de dissimulation.
Le moyen de prévenir un si grand mal est de ne les
mettre jamais dans le besoin de la finesse et de les
accoutumer à dire ingénument leurs inclinations sur
toutes les choses permises[1]. Qu'elles soient libres pour

1. Mme de Maintenon, dans ses règlements pour Saint-Cyr, et
dans ses lettres, revient fort souvent sur la nécessité d'inspirer
aux jeunes filles l'habitude de la sincérité et de la droiture. Dans
un règlement de 1685 pour les maîtresses de Noisy, qui a précédé Saint-Cyr, nous lisons : « Expliquer ce qu'on leur dit (aux
demoiselles); les rendre simples à tout dire, en ne les grondant
jamais. » Dans un autre règlement, de 1686 : « On tâche de les
rendre franches, simples, généreuses, sans finesse, sans mystère.

témoigner leur ennui quand elles s'ennuient; qu'on ne
les assujettisse point à paraître goûter certaines personnes ou certains livres qui ne leur plaisent pas.

Souvent une mère, préoccupée de son directeur, est
mécontente de sa fille jusqu'à ce qu'elle prenne sa
direction; et la fille le fait par politique, contre son
goût. Surtout qu'on ne les laisse jamais soupçonner
qu'on veut leur inspirer le dessein d'être religieuses [1];
car cette pensée leur ôte la confiance en leurs parents,
leur persuade qu'elles n'en sont point aimées, leur
agite l'esprit, et leur fait faire un personnage forcé
pendant plusieurs années. Quand elles ont été assez
malheureuses pour prendre l'habitude · de déguiser
leurs sentiments, le moyen de les désabuser est de les
instruire solidement des maximes de la vraie prudence;
comme on voit que le moyen de les dégoûter des fictions
frivoles des romans est de leur donner le goût des
histoires utiles et agréables. Si vous ne leur donnez
une curiosité raisonnable, elles en auront une déréglée;

sans respect humain, voulant bien que toutes voient que celles
qui sont chargées des autres avertissent les maîtresses de tout. »
De la même année, lettre à madame du Pérou (qui fut l'une des
supérieures de Saint-Cyr) : « Ce que je ne puis assez vous recom-
mander, c'est l'esprit de simplicité; qu'elles soient sincères, franches, ennemies des moindres duplicités. Suivez cette idée en
tout : voyez si elles sont fines ou si elles veulent l'être; si elles
sont de bonne foi dans leur conduite et dans leur conversation,
car cette droiture de cœur, qui est la simplicité, se remarque en
tout; si elles sont capables d'avouer leurs faiblesses, leurs fautes;
si, dans leur confiance, elles ne retiennent rien; si elles disent le
bien qui est en elles comme le mal quand on leur demande; car
la simplicité est ingénue et ne cherche que la vérité, sans vouloir
se louer ni se blâmer. Etc., etc. » (*Lettres et entretiens sur l'éducation des filles*, édition Th. Lavallée, t. I.)

1. Au xvii° siècle, sous le régime du droit d'aînesse, qui ne
permettait point le partage égal de la fortune paternelle entre
tous les enfants, c'était la coutume, dans les familles nobles, de
destiner à la vie religieuse celles des filles qui ne pouvaient être
assez richement dotées pour se marier sans mésalliance.

et tout de même, si vous ne formez leur esprit à la vraie prudence, elles s'attacheront à la fausse, qui est la finesse.

Montrez-leur, par des exemples, comment on peut sans tromperie être discret, précautionné, appliqué aux moyens légitimes de réussir. Dites-leur : « La principale prudence consiste à parler peu, à se défier bien plus de soi que des autres, mais point à faire des discours faux et des personnages brouillons. La droiture de conduite et la réputation universelle de probité attirent plus de confiance et d'estime, et par conséquent, à la longue, plus d'avantages, même temporels, que les voies détournées. Combien cette probité judicieuse distingue-t-elle une personne, ne la rend-elle pas propre aux plus grandes choses ! »

Mais ajoutez combien ce que la finesse cherche est bas et méprisable ; c'est ou une bagatelle qu'on n'oserait dire, ou une passion pernicieuse. Quand on ne veut que ce qu'on doit vouloir, on le désire ouvertement, et on le cherche par des voies droites, avec modération. Qu'y a-t-il de plus doux et de plus commode que d'être sincère, toujours tranquille, d'accord avec soi-même, n'ayant rien à craindre ni à inventer ? au lieu qu'une personne dissimulée est toujours dans l'agitation, dans les remords, dans le danger [1], dans la déplorable nécessité de couvrir une finesse par cent autres.

Avec toutes ces inquiétudes honteuses, les esprits artificieux n'évitent jamais l'inconvénient qu'ils fuient ; tôt ou tard ils passent pour ce qu'ils sont. Si le monde est leur dupe sur quelque action détachée, il ne l'est pas sur le gros de leur vie ; on les devine toujours par quel-

---

1. *Dans le danger.* D'autres éditions donnent *dans les dangers :* dans l'embarras que cause la crainte de voir un mensonge découvert ; exposée aussi aux suites fâcheuses que peut avoir le mensonge.

que endroit; souvent même ils sont dupes de ceux qu'ils veulent tromper, car on fait semblant de se laisser éblouir par eux, et ils se croient estimés, quoiqu'on les méprise. Mais au moins ils ne se garantissent pas des soupçons; et qu'y a-t-il de plus contraire aux avantages qu'un amour-propre sage doit chercher que de se voir toujours suspect? Dites peu à peu ces choses, selon les occasions, les besoins et la portée des esprits.

Observez encore que la finesse vient toujours d'un cœur bas et d'un petit esprit. On n'est fin qu'à cause qu'on se veut cacher, n'étant pas tel qu'on devrait être; ou que, voulant des choses permises, on prend pour y arriver des moyens indignes, faute d'en savoir choisir d'honnêtes. Faites remarquer aux enfants l'impertinence de certaines finesses qu'ils voient pratiquer, le mépris qu'elles attirent à ceux qui les font; et enfin faites-leur honte à eux-mêmes, quand vous les surprendrez dans quelque dissimulation. De temps en temps privez-les de ce qu'ils aiment, parce qu'ils ont voulu y arriver par la finesse, et déclarez qu'ils l'obtiendront quand ils le demanderont simplement; ne craignez pas même de compatir à leurs petites infirmités pour leur donner le courage de les laisser voir. La mauvaise honte est le mal le plus dangereux et le plus pressé à guérir; celui-là, si l'on n'y prend garde, rend tous les autres incurables.

Désabusez-les des mauvaises subtilités par lesquelles on veut faire en sorte que le prochain se trompe, sans qu'on puisse se reprocher de l'avoir trompé; il y a encore plus de bassesse et de supercherie dans ces raffinements que dans les finesses communes. Les autres gens pratiquent, pour ainsi dire, de bonne foi la finesse; mais ceux-ci y ajoutent un nouveau déguisement pour l'autoriser. Dites à l'enfant que Dieu est la vérité même; que c'est se jouer de Dieu que de se jouer de la vérité dans ses paroles; qu'on les doit rendre précises et exactes, et

parler peu pour ne rien dire que de juste, afin de respecter la vérité.

Gardez-vous donc bien d'imiter ces personnes qui ap-
plaudissent aux enfants lorsqu'ils ont marqué de l'esprit
par quelque finesse. Bien loin de trouver ces tours jolis
et de vous en divertir, reprenez-les sévèrement, et faites
en sorte que tous leurs artifices réussissent mal, afin
que l'expérience les en dégoûte. En les louant sur de
telles fautes, on leur persuade que c'est être habile que
d'être fin.

CHAPITRE X

LA VANITÉ DE LA BEAUTÉ ET DES AJUSTEMENTS

Mais ne craignez rien tant que la vanité dans les filles. Elles naissent avec un désir violent de plaire; les chemins qui conduisent les hommes à l'autorité et à la gloire leur étant fermés, elles tâchent de se dédommager par les agréments de l'esprit et du corps; de là vient leur conversation douce et insinuante; de là vient qu'elles aspirent tant à la beauté et à toutes les grâces extérieures, et qu'elles sont si passionnées pour les ajustements : une coiffe [1], un bout de ruban, une boucle de cheveux plus haut ou plus bas, le choix d'une couleur, ce sont pour elles autant d'affaires importantes.

Ces excès vont encore plus loin dans notre nation qu'en toute autre [2]; l'humeur changeante qui règne parmi nous cause une variété continuelle de modes; ainsi on ajoute à l'amour des ajustements celui de la nouveauté, qui a d'étranges charmes sur de tels esprits. Ces deux

1. *Une coiffe :* un ajustement de tête, fait en toile ou en tissu léger, orné de toute sorte de façons, que portaient alors les femmes. Nous dirions aujourd'hui : un bonnet, un chapeau.
2. « Une mode a à peine détruit une autre mode, qu'elle est abolie par une plus nouvelle, qui cède elle-même à celle qui la suit et qui ne sera pas la dernière : telle est notre légèreté. » (LA BRUYÈRE, *Caractères*, XIII, De la mode.)

folies mises ensemble renversent les bornes des conditions et dérèglent toutes les mœurs. Dès qu'il n'y a plus
de règle pour les habits et pour les meubles, il n'y en a
plus d'effectives pour les conditions [1]; car, pour la table
des particuliers, c'est ce que l'autorité publique peut
moins régler; chacun choisit selon son argent, ou plutôt,
sans argent, selon son ambition et sa vanité.

Ce faste ruine les familles, et la ruine des familles entraîne la corruption des mœurs. D'un côté, le faste excite,
dans les personnes d'une basse naissance, la passion
d'une prompte fortune; ce qui ne se peut faire sans péché, comme le Saint-Esprit nous l'assure. D'un autre
côté, les gens de qualité, se trouvant sans ressource, font
des lâchetés et des bassesses horribles pour soutenir
leurs dépenses; par là s'éteignent insensiblement l'honneur, la foi, la probité et le bon naturel, même entre
les plus proches parents.

Tous ces maux viennent de l'autorité que les femmes
vaines ont de décider sur les modes; elles ont fait passer
pour Gaulois ridicules tous ceux qui ont voulu conserver
la gravité et la simplicité des mœurs anciennes.

Appliquez-vous donc à faire entendre aux filles combien l'honneur qui vient d'une bonne conduite et d'une
vraie capacité est plus estimable que celui qu'on tire de
ses cheveux ou de ses habits. « La beauté, direz-vous,
trompe encore plus la personne qui la possède que ceux
qui en sont éblouis; elle trouble, elle enivre l'âme; on
est plus sottement idolâtre de soi-même que les amants
les plus passionnés ne le sont de la personne qu'ils ai-

---

1. Dans le plan d'organisation du royaume idéal de Salente,
Fénelon revient à cette règle pour les habits, servant de marque
distinctive pour les conditions. Mentor partage les sujets d'Idoménée en sept classes, dont il distingue les rangs et la naissance
par la diversité des habits. (*Télémaque*, livre XII.) Il va sans dire
que cette réglementation, absolument impraticable, aurait pour
conséquence une singulière tyrannie.

ment. Il n'y a qu'un fort petit nombre d'années de différence entre une belle femme et une autre qui ne l'est
pas. La beauté ne peut être que nuisible, à moins qu'elle
ne serve à faire marier avantageusement une fille; mais
comment y servira-t-elle, si elle n'est soutenue par le
mérite et par la vertu? Elle ne peut espérer d'épouser
qu'un jeune fou, avec qui elle sera malheureuse, à moins
que sa sagesse et sa modestie ne la fassent rechercher
par des hommes d'un esprit réglé et sensibles aux qualités solides. Les personnes qui tirent toute leur gloire
de leur beauté deviennent bientôt ridicules; elles arri-
vent, sans s'en apercevoir, à un certain âge où leur
beauté se flétrit; et elles sont encore charmées d'elles-
mêmes, quoique le monde, bien loin de l'être, en soit
dégoûté. Enfin, il est aussi déraisonnable de s'attacher
uniquement à la beauté que de vouloir mettre tout le
mérite dans la force du corps, comme font les peuples
barbares et sauvages. »

De la beauté passons à l'ajustement. Les véritables
grâces ne dépendent point d'une parure vaine et affectée.
Il est vrai qu'on peut chercher la propreté, la proportion et la bienséance dans les habits nécessaires pour
couvrir nos corps; mais, après tout, ces étoffes qui nous
couvrent, et qu'on peut rendre commodes et agréables,
ne peuvent jamais être des ornements qui donnent une
vraie beauté.

Je voudrais même faire voir aux jeunes filles la noble
simplicité qui paraît dans les statues et dans les autres
figures qui nous restent des femmes grecques et ro-
maines; elles y verraient combien des cheveux noués
négligemment par derrière [1], et des draperies pleines et

---

1. Il ne faudrait pas aujourd'hui s'autoriser des conseils de
Fénelon pour justifier certains détails de toilette sur lesquels
notre mode contemporaine ne l'a que trop suivi, particulièrement en ce qui concerne « les cheveux noués négligemment par

flottantes à longs plis, sont agréables et majestueuses.
Il serait bon même qu'elles entendissent parler les pein-
tres et les autres gens qui ont ce goût exquis de l'antiquité.

Si peu que leur esprit s'élevât au-dessus de la préoc-
cupation des modes, elles auraient bientôt un grand
mépris pour leurs frisures, si éloignées du naturel, et
pour les habits d'une figure trop façonnée [1]. Je sais bien
qu'il ne faut pas souhaiter qu'elles prennent l'extérieur
antique; il y aurait de l'extravagance à le vouloir; mais
elles pourraient, sans aucune singularité, prendre le
goût de cette simplicité d'habit si noble, si gracieuse et
d'ailleurs si convenable aux mœurs chrétiennes. Ainsi,
se conformant dans l'extérieur à l'usage présent, elles
sauraient au moins ce qu'il faudrait penser de cet usage;
elles satisferaient à la mode comme à une servitude fâcheuse, et elles ne lui donneraient que ce qu'elles ne
pourraient lui refuser. Faites-leur remarquer souvent et
de bonne heure la vanité et la légèreté d'esprit qui fait
l'inconstance des modes. C'est une chose bien mal entendue, par exemple, de se grossir la tête de je ne sais
combien de coiffes entassées: les véritables grâces suivent la nature et ne la gênent jamais.

Mais la mode se détruit elle-même : elle vise toujours
au parfait, et jamais elle ne le trouve; du moins elle ne
veut jamais s'y arrêter. Elle serait raisonnable, si elle

derrière »; mais ce qu'il dit, d'une manière générale, des grâces
de la simplicité, est de tous les temps.
1. « Quelques jeunes personnes ne connaissent point assez les
avantages d'une heureuse nature, et combien il leur serait utile
de s'y abandonner; elles affaiblissent ces dons du ciel, si rares
et si fragiles, par des manières affectées et par une mauvaise
imitation; leur son de voix et leur démarche sont empruntés;
elles se composent, elles se recherchent, regardent dans un mi-
roir si elles s'éloignent assez de leur naturel. Ce n'est pas sans
peine qu'elles plaisent moins. » (LA BRUYÈRE, *Caractères*, III, Des
femmes.)

ne changeait que pour ne changer plus, après avoir
trouvé la perfection pour la commodité et pour la bonne
grâce; mais changer pour changer sans cesse, n'est-ce
pas chercher plutôt l'inconstance et le déréglement que
la véritable politesse et le bon goût? Aussi n'y a-t-il d'ordinaire que le caprice dans les modes. Les femmes sont
en possession de décider; il n'y a qu'elles qu'on en
veuille croire; ainsi les esprits les plus légers et les moins
instruits entraînent les autres. Elles ne choisissent et ne
quittent rien par règle; il suffit qu'une chose bien in-
ventée ait été longtemps à la mode, afin qu'elle ne doive
plus y être, et qu'une autre, quoique ridicule, à titre
de nouveauté, prenne sa place et soit admirée.

Après avoir posé ce fondement, montrez les règles de
la modestie chrétienne. « Nous apprenons, direz-vous,
par nos saints mystères, que l'homme naît dans la corruption du péché; son corps, travaillé d'une maladie
contagieuse, est une source inépuisable de tentation à
son âme. Jésus-Christ nous apprend à mettre toute
notre vertu dans la crainte et dans la défiance de nous-
mêmes. Voudriez-vous, pourra-t-on dire à une fille, hasarder votre âme et celle de votre prochain pour une
folle vanité? Ayez donc horreur des nudités de gorge et
de toutes les autres immodesties ; quand même on com-
mettrait ces fautes sans aucune mauvaise passion, du
moins c'est une vanité, c'est un désir effréné de plaire.
Cette vanité justifie-t-elle devant Dieu et devant les
hommes une conduite si téméraire, si scandaleuse et si
contagieuse pour autrui? Cet aveugle désir de plaire
convient-il à une âme chrétienne, qui doit regarder
comme une idolâtrie tout ce qui détourne de l'amour du
Créateur et du mépris des créatures? Mais, quand on
cherche à plaire, que prétend-on? n'est-ce pas d'exciter
les passions des hommes? Les tient-on dans ses mains
pour les arrêter si elles vont trop loin? Ne doit-on pas s'en

imputer toutes les suites? et ne vont-elles pas toujours
trop loin, si peu qu'elles soient allumées? Vous préparez
un poison subtil et mortel, vous le versez sur tous les
spectateurs; et vous vous croyez innocente! » Ajoutez
les exemples des personnes que leur modestie a rendues
recommandables, et de celles à qui leur immodestie a
fait tort. Mais surtout ne permettez rien, dans l'extérieur
des filles, qui excède leur condition : réprimez sévèrement toutes leurs fantaisies. Montrez-leur à quel danger
on s'expose, et combien on se fait mépriser des gens
sages, en oubliant ainsi ce qu'on est.

Ce qui reste à faire, c'est de désabuser les filles du bel
esprit. Si l'on n'y prend garde, quand elles ont quelque
vivacité, elles s'intriguent [1], elles veulent parler de tout,
elles décident sur les ouvrages les moins proportionnés
à leur capacité, elles affectent de s'ennuyer par délicatesse [2]. Une fille ne doit parler que pour de vrais besoins,
avec un air de doute et de déférence; elle ne doit pas
même parler des choses qui sont au-dessus de la portée
commune des filles, quoiqu'elle en soit instruite. Qu'elle
ait, tant qu'elle voudra, de la mémoire, de la vivacité,
des tours plaisants, de la facilité à parler avec grâce;
toutes ces qualités lui seront communes avec un grand
nombre d'autres femmes fort peu sensées et fort méprisables. Mais qu'elle ait une conduite exacte et suivie,

1. *Elles s'intriguent :* elles se mettent en souci, elles se préoc-
cupent avec passion de toutes sortes de choses qui ne devraient
point les regarder. Nous dirions aujourd'hui : elles se mêlent de
tout.

2. *De s'ennuyer :* le mot *ennui* (et, par suite, *ennuyer, s'ennuyer*)
avait au xviiᵉ siècle une grande force de sens; il désignait le
dégoût des choses, cette sorte de vide qui se fait sentir à l'âme
privée de ce qu'elle aime, de ce qu'elle goûte particulièrement.
L'ennui, pris dans ce sens, était, chez les personnes de bel air,
une maladie à la mode. On affectait de se prétendre ennuyée des
choses communes, des mesquines réalités de l'existence. C'est
une maladie qui n'est pas encore complètement passée.

un esprit égal et réglé; qu'elle sache se taire et conduire quelque chose : cette qualité si rare la distinguera dans son sexe. Pour la délicatesse[1] et l'affectation d'ennui, il faut la réprimer, en montrant que le bon goût consiste à s'accommoder des choses selon qu'elles sont utiles.

Rien n'est estimable que le bon sens et la vertu : l'un et l'autre font regarder le dégoût et l'ennui non comme une délicatesse louable, mais comme une faiblesse d'un esprit malade.

Puisqu'on doit vivre avec des esprits grossiers et dans des occupations qui ne sont pas délicieuses, la raison, qui est la seule bonne délicatesse, consiste à se rendre grossier[2] avec les gens qui le sont. Un esprit qui goûte la politesse, mais qui sait s'élever au-dessus d'elle dans le besoin, pour aller à des choses plus solides, est infiniment supérieur aux esprits délicats et surmontés par leur dégoût.

1. *Délicatesse* : ici et dans plusieurs autres endroits de ce chapitre, le mot *délicatesse* est pris en mauvaise part, pour désigner cette disposition de l'esprit et des sentiments qui rend difficile, qui fait qu'on ne se contente pas aisément, qu'on se pique de raffinement sur ceci ou sur cela.

2. *Grossier :* ici et dans d'autres endroits : facile à vivre, facile à contenter, peu délicat, peu raffiné au point de vue des goûts, du langage, etc. Il va sans dire qu'il ne faut pas donner à ce mot plus de force que ne lui en donne Fénelon.

CHAPITRE XI

Venons maintenant au détail des choses dont une femme doit être instruite. Quels sont ses emplois? Elle est chargée de l'éducation de ses enfants; des garçons jusqu'à un certain âge, des filles jusqu'à ce qu'elles se marient ou se fassent religieuses; de la conduite des domestiques, de leurs mœurs, de leur service; du détail de la dépense, des moyens de faire tout avec économie et honorablement; d'ordinaire même, de faire les fermes[1] et de recevoir les revenus.

La science des femmes, comme celle des hommes, doit se borner à s'instruire par rapport à leurs fonctions[2]; la différence de leurs emplois doit faire celle de

---

1. *Les fermes :* c'est-à-dire, dans la langue du XVIIe siècle, les conventions par lesquelles un propriétaire abandonne à quelqu'un, pour un temps et moyennant un prix, la jouissance d'une terre, d'une maison. Nous dirions aujourd'hui : les baux. Dans les grandes maisons, — et ce sont les filles et les femmes de grande maison que Fénelon a particulièrement en vue dans son traité, — les maris confiaient le plus souvent à leurs femmes les détails de la fortune commune, particulièrement les rapports avec les tenanciers, fermiers, etc.

2. On ne saurait dire plus juste, et Fénelon a raison de remarquer que, dans cette mesure, l'instruction qui convient aux femmes est plus étendue qu'elle ne semble. Il faut seulement ajouter

leurs études. Il faut donc borner l'instruction des femmes aux choses que nous venons de dire. Mais une
femme curieuse trouvera que c'est donner des bornes
bien étroites à sa curiosité : elle se trompe; c'est qu'elle
ne connaît pas l'importance et l'étendue des choses dont
je lui propose de s'instruire.

Quel discernement lui faut-il pour connaître le naturel
et le génie de chacun de ses enfants, pour trouver la
manière de se conduire avec eux la plus propre à découvrir leur humeur, leur pente, leur talent; à prévenir
les passions naissantes, à leur persuader les bonnes
maximes, et à guérir leurs erreurs! Quelle prudence
doit-elle avoir pour acquérir et conserver sur eux l'autorité, sans perdre l'amitié et la confiance! Mais n'a-t-
elle pas besoin d'observer et de connaître à fond les
gens qu'elle met auprès d'eux? Sans doute. Une mère
de famille doit donc être pleinement instruite de la religion, et avoir un esprit mûr, ferme, appliqué et expéri-
menté pour le gouvernement[1].

Peut-on douter que les femmes ne soient chargées de
tous ces soins, puisqu'ils tombent naturellement sur elles
pendant la vie même de leurs maris occupés au dehors?
Ils les regardent encore de plus près, si elles deviennent
veuves. Enfin saint Paul attache tellement en général
leur salut à l'éducation de leurs enfants, qu'il assure que
c'est par eux qu'elles se sauveront.

Je n'explique point ici tout ce que les femmes doivent
savoir pour l'éducation de leurs enfants, parce que ce
mémoire leur fera assez sentir l'étendue des connaissances qu'il faudrait qu'elles eussent.

---

que, de nos jours, les besoins s'étant multipliés et le rôle social
de la femme s'étant agrandi, on est en droit de lui demander,
sans exagérer ses « fonctions », plus que ne faisait le xvii° siècle

1. *Pour le gouvernement* : pour tout ce qui contribue à régler,
à régir une maison, un ménage, l'intérieur d'une famille.

Joignez à ce gouvernement l'économie [1]. La plupart

1. Rollin, au début du *Traité des études*, a consacré à « l'éducation des filles » tout un important chapitre, où, comme il le déclare d'abord, il s'inspire de la lettre de saint Jérôme à Lœta et du livre de Fénelon, se bornant souvent, quant à ce dernier ouvrage, à en reproduire ou à en paraphraser le texte. En ce qui regarde « l'économie », Rollin, s'adressant, comme Fénelon, aux filles de haute condition, ou au moins à celles de la haute bourgeoisie, entre dans des détails pratiques, que Fénelon lui-même n'eût point désavoués.

« Une femme, dit Rollin, peut n'être pas fort instruite de tout le reste et être néanmoins excellente mère de famille; mais elle ne peut ignorer ou négliger les devoirs dont je parle (les soins domestiques), sans manquer à l'une de ses plus essentielles obligations. Le bel esprit et la science ne couvrent point un tel défaut et, loin de relever le sexe, ne servent qu'à le déshonorer.

« Les mères doivent comprendre, par ce que je viens de dire, combien elles sont obligées de former de bonne heure leurs filles à ces soins domestiques. Elles seules peuvent ici leur tenir lieu de maîtresses; elles seules peuvent leur donner sur cet article les instructions qui leur sont nécessaires.

« Après qu'on leur aura enseigné de l'arithmétique ce qui convient à leur âge et à leur sexe, ce qui se borne à très peu de chose, c'est-à-dire à leur bien apprendre les deux premières règles et à leur donner une légère teinture des deux dernières; après ce travail, il faut les mettre tout d'un coup dans la pratique, leur faire composer à elles-mêmes des mémoires, et leur faire régler des comptes. Une mère intelligente les forme par degrés à ces différents exercices et entre pour cela avec elles dans le dernier détail. Elle les accoutume à connaître le prix et la qualité des toiles, du linge, des étoffes, de la vaisselle et de tous les autres ustensiles. Quand elle fait des achats et des emplettes, elle les mène avec elle chez les marchands; elle leur apprend les temps où il faut faire chaque provision : elle les instruit de la manière dont on doit ordonner un repas, et de ce qui se sert ordinairement dans chaque saison, du prix de tout ce qui convient pour meubler un château, une maison, un appartement. Elle entre avec elles en connaissance de ce qu'il faut faire par rapport aux fermes, qui font le plus solide bien des grandes maisons, pour tenir les terres en bon état, pour empêcher qu'on ne les dégrade, et, s'il se peut, pour les améliorer.

« Elle a soin d'inspirer à une jeune demoiselle destinée pour le monde les principes d'une sage et noble économie, qui s'éloigne également et d'une sordide avarice et d'une ruineuse prodigalité. C'est cette vertu qui conserve le train des grandes maisons

des femmes [1] la négligent, comme un emploi bas, qui ne

et qui les soutient avec honneur dans le monde; et c'est le défaut
opposé qui en est la honte et la ruine, comme on le voit tous
les jours par une expérience qui n'est que trop ordinaire et qui
cependant n'instruit point les gens de qualité.

« On peut réduire l'instruction qu'une mère doit donner à sa fille
sur cet article à cinq ou six principes qui renferment tous les autres:

« 1° Régler sa dépense sur ses revenus et sur son état, sans
jamais se laisser emporter au delà des bornes d'une honnête
bienséance par la coutume et l'exemple, dont le luxe ne manque
pas de se prévaloir.

« 2° Ne prendre rien à crédit chez les marchands, mais payer
argent comptant tout ce qu'on achète. C'est le moyen d'avoir tout
ce qu'ils ont de meilleur et de l'avoir à moindre prix.

« 3° S'accoutumer à regarder comme une grande injustice de
faire attendre les ouvriers et les domestiques pour leur payer ce
qui leur est dû...

« 4° Se faire représenter et arrêter les comptes régulièrement
tous les mois, les clore sans manquer à la fin de chaque année,
et se donner bien de garde d'abandonner la régie des biens et
de la maison à des mains subalternes, qui ne sont pas toujours
zélées et fidèles. Ce soin n'est point pénible et ne coûte presque
rien quand on y est exact; au lieu que, si on le néglige, il devient
un vrai travail qui rebute, et qui fait qu'on laisse accumuler
années sur années; ce qui cause un désordre et un chaos affreux
dans les affaires, qu'il n'est plus possible de débrouiller, et qui
ruine enfin les maisons les plus opulentes.

« 5° Dans le règlement qu'on fera des dépenses, qui doit toujours être proportionné aux revenus, mettre à la tête de tout la
portion destinée et due aux pauvres. Ce n'est pas une grâce qu'on
leur accorde, mais une dette dont on s'acquitte à leur égard, ou
plutôt à l'égard de Jésus-Christ, qui leur a transporté ses droits.
Le moyen le plus sûr et le plus aisé de s'acquitter fidèlement de
ce devoir, c'est de faire cette séparation dans le moment même
que l'on reçoit quelque somme de ses revenus et de les mettre
à part comme un dépôt. La libéralité coûte moins quand on a de
l'argent devant soi; et, par cette intention, on se ménage toujours
un fonds pour les diverses charités qu'on est obligé de faire... »
(*Traité des études*, livre I, chapitre II, § VI, Étude de ce qui regarde
les soins domestiques et le gouvernement intérieur de la maison.)

Il y aurait certainement bien peu à changer ou à ajouter à ces
instructions pour en faire le fond d'une excellente leçon d'économie domestique et de morale applicable à toutes les conditions.

1. Des femmes de condition, de grande fortune, les seules,
comme nous l'avons dit, que Fénelon ait en vue.

convient qu'à des paysans ou à des fermiers, tout au
plus à un maître d'hôtel ou à quelque femme de charge;
surtout les femmes nourries dans la mollesse, l'abondance et l'oisiveté, sont indolentes et dédaigneuses pour
tout ce détail; elles ne font pas grande différence entre
la vie champêtre et celle des sauvages du Canada. Si
vous leur parlez de vente de blé, de culture de terres,
des différentes natures de revenus, de la levée des rentes et des autres droits seigneuriaux, de la meilleure
manière de faire des fermes ou d'établir des receveurs[1],
elles croient que vous voulez les réduire à des occupations indignes d'elles.

Ce n'est pourtant que par ignorance qu'on méprise
cette science de l'économie. Les anciens Grecs et Romains, si habiles et si polis, s'en instruisaient avec un
grand soin; les plus grands esprits d'entre eux en ont
fait, sur leurs propres expériences, des livres que nous
avons encore et où ils ont marqué même le dernier détail de l'agriculture. On sait que leurs conquérants ne
dédaignaient pas de labourer et de retourner à la char-
rue en sortant du triomphe. Cela est si éloigné de nos
mœurs, qu'on ne pourrait le croire, si peu qu'il y eût
dans l'histoire quelque prétexte pour en douter. Mais
n'est-il pas naturel qu'on ne songe à défendre ou à augmenter son pays, que pour le cultiver paisiblement? A
quoi sert la victoire, sinon à cueillir les fruits de la paix?
Après tout, la solidité de l'esprit consiste à vouloir s'instruire exactement de la manière dont se font les choses
qui sont les fondements de la vie humaine; toutes les
plus grandes affaires roulent là-dessus. La force et le
bonheur d'un État consistent non à avoir beaucoup de
provinces mal cultivées, mais à tirer de la terre qu'on

1. *Des receveurs :* des intendants, des chargés d'affaires, qui
réglaient les comptes des tenanciers.

possède tout ce qu'il faut pour nourrir aisément un peuple nombreux [1].

Il faut sans doute un génie bien plus élevé et plus étendu pour s'instruire de tous les arts qui ont rapport à l'économie, et pour être en état de bien policer toute une famille, qui est une petite république [2], que pour jouer, discourir sur des modes et s'exercer à de petites gentillesses de conversation. C'est une sorte d'esprit bien méprisable que celui qui ne va qu'à bien parler : on voit de tous côtés des femmes dont la conversation est pleine de maximes solides et qui, faute d'avoir été appliquées de bonne heure, n'ont rien que de frivole dans la conduite.

Mais prenez garde au défaut opposé : les femmes courent risque d'être extrêmes en tout. Il est bon de les accoutumer dès l'enfance à gouverner quelque chose, à faire des comptes, à voir la manière de faire les marchés de tout ce qu'on achète, et à savoir comment il faut que chaque chose soit faite pour être d'un bon usage. Mais craignez aussi que l'économie n'aille en elles jusqu'à l'avarice; montrez-leur en détail tous les ridicules de cette passion. Dites-leur ensuite : « Prenez garde que [3] l'avarice gagne peu et qu'elle se déshonore beaucoup. Un esprit raisonnable ne doit chercher, dans une vie frugale et laborieuse, qu'à éviter la honte et l'injustice atta-

---

1. « Sachez, dit Mentor à Idoménée, que vous n'êtes roi qu'autant que vous avez des peuples à gouverner, et que votre puissance doit se mesurer non par l'étendue des terres que vous occuperez, mais par le nombre des hommes qui occuperont ces terres et qui seront attachés à vous obéir. Possédez une bonne terre, quoique médiocre en étendue; couvrez-la de peuples innombrables, laborieux et disciplinés; faites que ces peuples vous aiment : vous êtes plus puissant, plus heureux et plus rempli de gloire que tous les conquérants qui ravagent tant de royaumes. » (*Télémaque*, livre XII.)

2. *Une petite république :* une sorte de petit État.

3. *Prenez garde que :* remarquez que.

chées à une conduite prodigue et ruineuse. Il ne faut
retrancher les dépenses superflues que pour être en état
de faire plus libéralement celles que la bienséance, ou
l'amitié, ou la charité inspirent. Souvent c'est faire un
grand gain que de savoir perdre à propos : c'est le bon
ordre, et non certaines épargnes sordides, qui fait les
grands profits. » Ne manquez pas de représenter l'erreur
grossière de ces femmes qui se savent bon gré d'épargner une bougie, pendant qu'elles se laissent tromper
par un intendant sur le gros de toutes leurs affaires.

Faites pour la propreté comme pour l'économie. Accoutumez les filles à ne souffrir rien de sale ni de dé-
rangé; qu'elles remarquent le moindre désordre dans
une maison. Faites-leur même observer que rien ne
contribue plus à l'économie et à la propreté que de tenir
toujours chaque chose en sa place[1]. Cette règle ne paraît
presque rien; cependant elle irait loin, si elle était exactement gardée. Avez-vous besoin d'une chose, vous ne
perdez jamais un moment à la chercher; il n'y a ni
trouble, ni dispute, ni embarras, quand on en a besoin;
vous mettez d'abord la main dessus; et, quand vous vous
en êtes servi, vous la remettez sur-le-champ dans la
place où vous l'avez prise. Ce bel ordre fait une des plus
grandes parties de la propreté; c'est ce qui frappe le
plus les yeux, que de voir cet arrangement si exact.
D'ailleurs, la place qu'on donne à chaque chose étant
celle qui lui convient davantage, non seulement pour la
bonne grâce et le plaisir des yeux, mais encore pour sa
conservation, elle s'y use moins qu'ailleurs; elle ne s'y
gâte d'ordinaire par aucun accident; elle y est même
entretenue proprement; car, par exemple, un vase ne
sera ni poudreux, ni en danger de se briser, lorsqu'on

---

1. « Une place pour chaque chose et chaque chose à sa place, »
dit le proverbe.

le mettra dans sa place immédiatement après s'en être
servi. L'esprit d'exactitude, qui fait ranger, fait aussi
nettoyer. Joignez à ces avantages celui d'ôter, par
cette habitude, aux domestiques, l'esprit de paresse
et de confusion. De plus, c'est beaucoup que de leur
rendre le service prompt et facile et de s'ôter à soi-même
la tentation de s'impatienter souvent par les retarde-
ments qui viennent des choses dérangées qu'on a peine
à trouver. Mais en même temps évitez l'excès de la politesse et de la propreté. La propreté, quand elle est modérée, est une vertu; mais, quand on y suit trop son
goût, on la tourne en petitesse d'esprit. Le bon goût rejette la délicatesse excessive; il traite les petites choses
de petites et n'en est point blessé. Moquez-vous donc,
devant les enfants, des colifichets dont certaines femmes
sont si passionnées et qui leur font faire insensiblement
des dépenses si indiscrètes. Accoutumez-les à une propreté simple et facile à pratiquer; montrez-leur la meilleure manière de faire les choses; mais montrez-leur
encore davantage à s'en passer. Dites-leur combien il y
a de petitesse d'esprit et de bassesse à gronder pour un
potage mal assaisonné, pour un rideau mal plissé, pour
une chaise trop haute ou trop basse [1].

Il est sans doute d'un bien meilleur esprit d'être volontairement grossier [2], que d'être délicat sur des choses
si peu importantes. Cette mauvaise délicatesse, si l'on ne
la réprime dans les femmes qui ont de l'esprit, est encore
plus dangereuse pour les conversations que pour tout le
reste : la plupart des gens leur sont fades et ennuyeux;

1. On peut, pour s'approprier tout ce chapitre, l'ajuster à sa
propre condition, en en modifiant les détails. A cette condition,
par exemple, un directeur ou une directrice d'école y trouvera
d'excellentes règles de conduite pour ses rapports avec les maîtres adjoints ou les maîtresses adjointes, et avec les autres personnes qu'il peut avoir sous ses ordres.
2. Voir, sur le sens de ce mot, la note 2 de la page 104.

le moindre défaut de politesse leur paraît un monstre ; elles sont toujours moqueuses et dégoûtées. Il faut leur faire entendre de bonne heure qu'il n'est rien de si peu judicieux que de juger superficiellement d'une personne par ses manières, au lieu d'examiner le fond de son esprit, de ses sentiments et de ses qualités utiles. Faites voir, par diverses expériences, combien un provincial d'un air grossier, ou, si vous voulez, ridicule, avec ses compliments importuns, s'il a le cœur bon et l'esprit réglé, est plus estimable qu'un courtisan qui, sous une politesse accomplie, cache un cœur ingrat, injuste, capable de toutes sortes de dissimulations et de bassesses. Ajoutez qu'il y a toujours de la faiblesse dans les esprits qui ont une grande pente à l'ennui et au dégoût. Il n'y a point de gens dont la conversation soit si mauvaise qu'on n'en puisse tirer quelque chose de bon ; quoiqu'on en doive choisir de meilleures quand on est libre de choisir, on a de quoi se consoler quand on y est réduit, puisqu'on peut les faire parler de ce qu'ils savent, et que les personnes d'esprit peuvent toujours tirer quelque instruction des gens les moins éclairés.

Mais revenons aux choses dont il faut instruire une fille.

CHAPITRE XII

SUITE DES DEVOIRS DES FEMMES

Il y a la science de se faire servir, qui n'est pas petite. Il faut choisir des domestiques qui aient de l'honneur et de la religion; il faut connaître les fonctions auxquelles on veut les appliquer, le temps et la peine qu'il faut donner à chaque chose, la manière de la bien faire et la dépense qui y est nécessaire. Vous gronderez mal à propos un officier [1], par exemple, si vous voulez qu'il ait dressé un fruit [2] plus promptement qu'il n'est possible, ou si vous ne savez pas à peu près le prix et la quantité du sucre et des autres choses qui doivent entrer dans ce que vous lui faites faire : ainsi vous êtes en danger d'être la dupe ou le fléau de vos domestiques, si vous n'avez quelque connaissance de leurs métiers.

Il faut encore savoir connaître leurs humeurs, ménager leurs esprits, et policer chrétiennement toute cette petite république, qui est d'ordinaire fort tumultueuse. Il y faut sans doute de l'autorité; car moins les gens sont raisonnables, plus il faut que la crainte les retienne; mais, comme ce sont des chrétiens, qui sont vos frères

1. *Un officier :* un maître d'hôtel, celui qui a soin de l'*office.*
2. *Un fruit :* nous dirions aujourd'hui : un dessert.

en Jésus-Christ et que vous devez respecter comme ses membres, vous êtes obligé de ne payer d'autorité que quand la persuasion manque.

Tâchez donc de vous faire aimer de vos gens sans aucune basse familiarité : n'entrez pas en conversation avec eux [1] ; mais aussi ne craignez pas de leur parler assez souvent avec affection et sans hauteur sur leurs besoins. Qu'ils soient assurés de trouver en vous du conseil et de la compassion : ne les reprenez point aigrement de leurs défauts; n'en paraissez ni surpris ni rebuté, tant que vous espérez qu'ils ne seront pas incorrigibles; faites-leur entendre doucement raison, et souffrez souvent d'eux pour le service [2], afin d'être en état de les convaincre de sang-froid que c'est sans chagrin [3] et sans impatience que vous leur parlez, bien moins pour votre service que pour leur intérêt. Il ne sera pas facile d'accoutumer les jeunes personnes de qualité à cette conduite douce et charitable; car l'impatience et l'ardeur de la jeunesse, jointes à la fausse idée qu'on leur donne de leur naissance, leur font regarder les domestiques à peu près comme des chevaux [4] : on se croit d'une autre nature que les valets; on suppose qu'ils sont faits pour la commodité de leurs maîtres. Tâchez de montrer combien ces maximes sont contraires à la modestie pour soi, et à l'humanité pour son prochain. Faites entendre que les hommes ne sont point faits pour être servis; que, c'est une erreur brutale de croire qu'il y ait des hommes

---

1. Ne leur parlez pas pour le plaisir de causer avec eux, comme vous le faites avec des parents, avec des amis et, en général, avec des égaux.

2. Tolérez que, sur certains détails, le service souffre; ne vous montrez pas exigeant sur toutes choses, sans jamais rien passer.

3. *Sans chagrin :* sans intention chagrine, sans mauvaise humeur.

4. Fénelon relève ici un usage fort commun de son temps, où en général on traitait fort mal les domestiques.

nés pour flatter la paresse et l'orgueil des autres; que, le service étant établi contre l'égalité naturelle des hommes [1], il faut l'adoucir autant qu'on le peut; que les maîtres, qui sont mieux élevés que leurs valets, étant pleins de défauts, il ne faut pas s'attendre que les valets n'en aient point, eux qui ont manqué d'instruction et de bons exemples; qu'enfin, si les valets se gâtent en servant mal, ce que l'on appelle d'ordinaire *être bien servi* gâte encore plus les maîtres; car cette facilité de se satisfaire en tout ne fait qu'amollir l'âme, que la rendre ardente et passionnée pour les moindres commodités, enfin que la livrer à ses désirs.

Pour ce gouvernement domestique, rien n'est meilleur que d'y accoutumer les filles de bonne heure. Donnez-leur quelque chose à régler, à condition de vous en rendre compte : cette confiance les charmera; car la jeunesse ressent un plaisir incroyable lorsqu'on commence à se fier à elle et à la faire entrer dans quelque affaire sérieuse. On en voit un bel exemple dans la reine Marguerite. Cette princesse raconte, dans ses *Mémoires* [2], que le plus sensible plaisir qu'elle ait eu en sa vie fut de voir que la reine sa mère commença à lui parler, lorsqu'elle était encore très jeune, comme à une personne mûre; elle se sentit transportée de joie d'entrer dans la confidence de la reine et de son frère le duc d'Anjou, pour le secret de l'État, elle qui n'avait connu jusque-là que des jeux d'enfants. Laissez même faire quelque faute à une fille dans de tels essais, et sacrifiez quelque chose à son instruction; faites-lui remarquer doucement ce qu'il aurait fallu faire ou dire pour éviter les incon-

1. A cette égalité naturelle nous avons ajouté l'égalité civile, et les choses n'en vont pas plus mal.
2. Il s'agit ici des *Mémoires* de Marguerite de France ou de Valois, première femme de Henri IV (1553-1615). La première édition de ces *Mémoires* a été publiée en 1648.

vénicnts où elle est tombée; racontez-lui même vos
expériences passées, et ne craignez point de lui dire les
fautes semblables aux siennes que vous avez faites dans
votre jeunesse; par là, vous lui inspirerez la confiance,
sans laquelle l'éducation se tourne en formalités gênantes,

Apprenez à une fille à lire et à écrire correctement. Il
est honteux, mais ordinaire, de voir des femmes qui ont
de l'esprit et de la politesse ne savoir pas bien prononcer ce qu'elles lisent : ou elles hésitent, ou elles chan-
tent en lisant; au lieu qu'il faut prononcer d'un ton
simple et naturel, mais ferme et uni. Elles manquent
encore plus grossièrement pour l'orthographe, ou pour
la manière de former ou de lier des lettres en écrivant :
au moins accoutumez-les à faire leurs lignes droites, à
rendre leurs caractères nets et lisibles. Il faudrait aussi
qu'une fille sût la grammaire; pour sa langue naturelle,
il n'est pas question de la lui apprendre par règle,
comme les écoliers apprennent le latin en classe; accoutumez-les seulement, sans affectation, à ne prendre point
un temps pour un autre, à se servir des termes propres,
à expliquer nettement leurs pensées, avec ordre et d'une
manière courte et précise : vous les mettrez en état
d'apprendre un jour à leurs enfants à bien parler sans
aucune étude. On sait que, dans l'ancienne Rome, la
mère des Gracques contribua beaucoup, par une bonne
éducation, à former l'éloquence de ses enfants, qui de-
vinrent de si grands hommes,

Elles devraient aussi savoir les quatre règles de l'arithmétique; vous vous en servirez utilement pour leur faire
faire souvent des comptes. C'est une occupation fort épi-
neuse pour beaucoup de gens; mais l'habitude prise dès
l'enfance, jointe à la facilité de faire promptement, par
le secours des règles, toutes sortes de comptes les plus
embrouillés, diminuera fort ce dégoût. On sait assez que

l'exactitude de compter souvent fait le bon ordre dans les maisons.

Il serait bon aussi qu'elles sussent quelque chose des principales règles de la justice : par exemple, la différence qu'il y a entre un testament et une donation; ce que c'est qu'un contrat, une substitution, un partage de cohéritiers, les principales règles du droit ou des coutumes du pays où l'on est, pour rendre ces actes valides; ce que c'est que propre, ce que c'est que communauté; ce que c'est que biens meubles et immeubles [1]. Si elles se marient, toutes leurs principales affaires rouleront là-dessus.

Mais en même temps montrez-leur combien elles sont incapables d'enfoncer dans les difficultés du droit; combien le droit lui-même, par la faiblesse de l'esprit des hommes, est plein d'obscurités et de règles douteuses; combien la jurisprudence varie [2]; combien tout ce qui dépend des juges, quelque clair qu'il paraisse, devient incertain; combien les longueurs des meilleures affaires mêmes sont ruineuses et insupportables. Montrez-leur l'agitation du palais, la fureur de la chicane, les détours pernicieux et les subtilités de la procédure, les frais immenses qu'elle attire, la misère de ceux qui plaident, l'industrie des avocats, des procureurs [3] et des greffiers pour s'enrichir bientôt en appauvrissant les parties. Ajoutez les moyens qui rendent mauvaise par la forme une affaire bonne dans le fond; les oppositions des maximes de tribunal à tribunal : si vous êtes renvoyé à la grand'chambre, votre procès est gagné; si vous allez

1. Fénelon demande ici que l'on fasse entrer dans l'instruction des femmes ce que nous appellerions aujourd'hui des éléments de législation usuelle.

2. On se rappellera que l'unité dans la législation est une des conquêtes de la révolution de 1789.

3. C'étaient les officiers publics auxquels ont succédé nos avoués, et ils avaient une fort mauvaise réputation.

aux enquêtes [1], il est perdu. N'oubliez pas les conflits de juridiction, et le danger où l'on est de plaider au conseil [2] plusieurs années pour savoir où l'on plaidera. Enfin, remarquez la différence qu'on trouve souvent entre les avocats et les juges sur la même affaire ; dans la consultation vous avez gain de cause, et votre arrêt vous condamne aux dépens [3].

Tout cela me semble important pour empêcher les femmes de se passionner sur les affaires et de s'abandonner aveuglément à certains conseils ennemis de la paix, lorsqu'elles sont veuves, ou maîtresses de leur bien dans un autre état. Elles doivent écouter leurs gens d'affaires, mais non pas se livrer à eux.

Il faut qu'elles s'en défient dans les procès qu'ils veulent leur faire entreprendre, qu'elles consultent les gens d'un esprit plus étendu et plus attentif aux avantages d'un accommodement, et qu'enfin elles soient persuadées que la principale habileté dans les affaires est d'en prévoir les inconvénients et de les savoir éviter.

Les filles qui ont une naissance et un bien considérables ont besoin d'être instruites des devoirs des seigneurs dans leurs terres. Dites-leur donc ce qu'on peut faire pour empêcher les abus, les violences, les chicanes, les faussetés [4] si ordinaires à la campagne. Joignez-y les moyens d'établir de petites écoles et des assemblées de

1. *A la grand'chambre, aux enquêtes :* c'étaient deux juridictions différentes du Parlement.

2. *Au conseil :* au conseil d'État, siégeant en *conseil des parties*, et désignant le tribunal devant lequel telle ou telle affaire devait être présentée.

3. Fénelon fait ici la critique de la justice de son temps, à peu près dans le même esprit qui a inspiré *les Plaideurs* de Racine (1668). Les grandes dames du XVIIᵉ siècle étaient fort plaideuses, et le personnage de la comtesse de Pimbesche ne représente pas un caractère d'exception.

4. *Les faussetés :* les tromperies.

charité pour le soulagement des pauvres malades. Montrez aussi le trafic qu'on peut quelquefois établir en certains pays pour y diminuer la misère, mais surtout comment on peut procurer au peuple une instruction solide et une police chrétienne [1]. Tout cela demanderait un détail trop long pour être mis ici.

En expliquant les devoirs des seigneurs, n'oubliez pas leurs droits : dites ce que c'est que fiefs, seigneur dominant, vassal, hommage, rentes, dîmes inféodées, droit de champart, lods et ventes, indemnités, amortissement et reconnaissances, papiers terriers et autres choses semblables [2]. Ces connaissances sont nécessaires, puisque le gouvernement des terres consiste entièrement dans toutes ces choses.

Après ces instructions, qui doivent tenir la première place, je crois qu'il n'est pas inutile de laisser aux filles, selon leur loisir et la portée de leur esprit, la lecture des livres profanes qui n'ont rien de dangereux pour les passions; c'est même le moyen de les dégoûter des comédies et des romans.

Donnez-leur donc les histoires grecque et romaine; elles y verront des prodiges de courage et de désintéressement. Ne leur laissez pas ignorer l'histoire de France, qui a aussi ses beautés [3]; mêlez celle des pays

1. *Une police :* une administration, une organisation sociale et civile.

2. *Droit de champart :* contribution en nature que le seigneur percevait sur l'héritage donné à cens. « Les autres contributions, dit Vauban, se lèvent en espèces lors de la récolte, à une certaine quotité, plus ou moins, selon la quantité de germes que la terre donne, et c'est ce qu'on appelle champart ou agrier. » — *Lods et ventes :* droit dû au seigneur par celui qui acquiert un bien dans sa censive, c'est-à-dire dans un fief soumis à une redevance.

3. On remarquera le peu d'importance que Fénelon attache ici à l'étude de l'histoire nationale. Évidemment, il la place, dans sa pensée, bien au-dessous de l'histoire grecque et romaine. Rollin paraît estimer davantage l'histoire de France, mais il ne

voisins et les relations des pays éloignés judicieusement
écrites. Tout cela sert à agrandir l'esprit et à élever
l'âme à de grands sentiments, pourvu qu'on évite la
vanité et l'affectation.

On croit d'ordinaire qu'il faut qu'une fille de qualité
qu'on veut bien élever apprenne l'italien et l'espagnol;
mais je ne vois rien de moins utile que cette étude, à
moins qu'une fille ne se trouvât attachée auprès de
quelque princesse espagnole ou italienne, comme nos
reines d'Autriche et de Médicis[1]. D'ailleurs ces deux lan-

la fait venir, lui aussi, qu'après les histoires de l'antiquité. « Après
que les filles auront appris, dit-il, toute cette suite d'histoire ancienne, l'ordre naturel les conduira à celle de leur pays, qui doit
les intéresser davantage que les histoires des Grecs et des Romains, et qu'il est honteux à tout bon Français d'ignorer. » C'est
que, du temps de Rollin, comme du temps de Fénelon, si honteux qu'il pût être d'ignorer l'histoire de France, on ne s'attachait guère à l'étudier, ni dans la société, ni dans les collèges.
Rollin, tout le premier, ne croit pas qu'on puisse faire dans les
collèges un véritable cours d'histoire de France. « Je ne parle
point ici de l'histoire de France, dit-il au début de ses longues
instructions sur l'étude de l'histoire, parce que l'ordre naturel
demande que l'on fasse marcher l'histoire ancienne avant la mo-
derne, et que je ne crois pas qu'il soit possible de trouver du
temps, pendant le cours des classes, pour s'appliquer à celle de
la France. Mais je suis bien éloigné de regarder cette étude
comme indifférente; et je vois avec douleur qu'elle est négligée
par beaucoup de personnes, à qui pourtant elle serait fort utile,
pour ne pas dire nécessaire. Quand je parle ainsi, c'est à moi-
même le premier que je fais le procès, car j'avoue que je ne m'y
suis point assez appliqué; et j'ai honte d'être en quelque sorte
étranger dans ma propre patrie, après avoir parcouru tant d'autres pays. » (*Traité des études*, livre VI, De l'histoire, Avant-
propos.) Tous ces beaux esprits du xviie et du xviiie siècle, exclusivement nourris de l'antiquité, étaient pour la plupart, comme
le dit ingénument Rollin, « étrangers dans leur propre patrie »;
l'étude de l'antiquité occupait aussi une place démesurée dans
l'éducation de la jeunesse des deux sexes, et il n'a fallu rien
moins qu'une révolution pour que l'on arrivât à considérer la connaissance du passé national comme une condition du patriotisme.

1. Anne d'Autriche, Marie-Thérèse ou Marie de Médicis. O

gues ne servent guère qu'à lire des livres dangereux et
capables d'augmenter les défauts des femmes; il y a
beaucoup plus à perdre qu'à gagner dans cette étude.
Celle du latin serait bien plus raisonnable, car c'est la
langue de l'Eglise : il y a un fruit [1] et une consolation
inestimable à entendre le sens des paroles de l'office
divin, où l'on assiste si souvent. Ceux mêmes qui cherchent les beautés du discours en trouveront de bien plus
parfaites et plus solides dans le latin que dans l'italien
et dans l'espagnol, où règne un jeu d'esprit et une vivacité d'imagination sans règle. Mais je ne voudrais faire
apprendre le latin qu'aux filles d'un jugement ferme et
d'une conduite modeste, qui sauraient ne prendre cette
étude que pour ce qu'elle vaut, qui renonceraient à la
vaine curiosité, qui cacheraient ce qu'elles auraient
appris et qui n'y chercheraient que leur édification [2].

Je leur permettrais aussi, mais avec un grand choix,
la lecture des ouvrages d'éloquence et de poésie, si je

comprend de reste que Fénelon n'ait eu, de son temps, aucune
idée des raisons d'intérêt industriel ou commercial, qui, sans
parler de tout autre motif, rendent aujourd'hui si nécessaire la
connaissance des langues vivantes, même pour les femmes.

1. *Un fruit :* un profit.

2. Rollin discute aussi la question de savoir si les femmes doivent apprendre le latin, et, comme Fénelon, il n'accorde la légitimité de cette connaissance qu'à un petit nombre de femmes,
et uniquement dans des vues d'édification. A notre époque, où
l'étude des langues anciennes se restreint de plus en plus à
l'usage spécial de ceux qui visent aux professions dites libérales,
il est certain que la connaissance de la langue latine n'est pas
plus immédiatement utile aux femmes qu'elle ne l'était du temps
de Rollin ou de Fénelon. Sans compter cependant qu'on ne peut
se faire une idée bien juste du fond même de notre langue que
quand on sait d'où elle est sortie et comment elle s'est formée,
problème dont le latin seul donne la clef, on peut dire qu'il serait
avantageux pour beaucoup de mères de famille de pouvoir diriger
avec intelligence les premières leçons de leurs fils quand ils fré-
quentent le collège ou le lycée. Il y a pour cela des méthodes
expéditives, qui ne sont peut-être pas assez répandues.

voyais qu'elles en eussent le goût, et que leur jugement fût assez solide pour se borner au véritable usage de ces choses; mais je craindrais d'ébranler trop les imaginations vives, et je voudrais en tout cela une exacte sobriété; tout ce qui peut faire sentir l'amour, plus il est adouci et enveloppé, plus il me paraît dangereux.

La musique et la peinture ont besoin des mêmes précautions : tous ces arts sont du même génie [1] et du même goût. Pour la musique, on sait que les anciens croyaient que rien n'était plus pernicieux à une république bien policée que d'y laisser introduire une mélodie efféminée; elle énerve les hommes; elle rend les âmes molles et voluptueuses; les tons languissants et passionnés ne font tant de plaisir qu'à cause que l'âme s'y abandonne à l'attrait des sens jusqu'à s'y enivrer elle-même. C'est pourquoi à Sparte les magistrats brisaient tous les instruments dont l'harmonie était trop délicieuse, et c'était là une de leurs plus importantes polices [2]; c'est pourquoi Platon rejette sévèrement tous les tons délicieux qui entraient dans la musique des Asiatiques; à plus forte raison les chrétiens, qui ne doivent jamais chercher le plaisir pour le seul plaisir, doivent-ils avoir en horreur ces divertissements empoisonnés.

La poésie et la musique, si l'on en retranchait tout ce qui ne tend point au vrai but, pourraient être employées très utilement à exciter dans l'âme des sentiments vifs et sublimes pour la vertu. Combien avons-nous d'ouvrages poétiques de l'Ecriture que les Hébreux chantaient, selon les apparences! Les cantiques ont été les premiers monuments qui ont conservé plus distinctement, avant

---

1. *Sont du même génie :* ont une même provenance naturelle; procèdent des mêmes penchants, des mêmes dispositions de l'esprit.

2. Voir la note 1 de la page 120. C'était là un de leurs règlements d'État les plus importants.

l'écriture, la tradition des choses divines parmi les
hommes. Nous avons vu combien la musique a été puis-
sante parmi les peuples païens pour élever l'âme au-
dessus des sentiments vulgaires. L'Église a cru ne pouvoir consoler mieux ses enfants que par le chant des
louanges de Dieu. On ne peut donc abandonner ces
arts, que l'esprit de Dieu même a consacrés. Une musique et une poésie chrétienne seraient le plus grand de
tous les secours pour dégoûter des plaisirs profanes;
mais, dans les faux préjugés où est notre nation, le goût
de ces arts n'est guère sans danger. Il faut donc se hâter
de faire sentir à une jeune fille qu'on voit fort sensible
à de telles impressions, combien on peut trouver de
charmes dans la musique sans sortir des sujets pieux.
Si elle a de la voix et du génie [1] pour les beautés de la
musique, n'espérez pas de les lui faire toujours ignorer :
la défense irriterait la passion; il vaut mieux donner un
cours réglé à ce torrent que d'entreprendre de l'arrêter [2].

1. *Du génie :* voir la note 1 de la page précédente : des dispositions naturelles.
2. D'accord avec Fénelon sur la plupart de ces points, Rollin y
ajoute quelques considérations sur la danse, dont Fénelon ne
parle point :
« La danse aussi fait une des parties les plus essentielles de
l'éducation des filles, et l'on y consacre sans peine beaucoup de
temps et beaucoup d'argent. On ne s'attend pas que j'entre-
prenne ici d'en faire l'éloge ou l'apologie. Je me borne à examiner simplement et sans prévention quel est, sur cet article,
le devoir d'une mère chrétienne et raisonnable. Comme il y a
des études destinées à cultiver et à orner l'esprit, il y a aussi des
exercices propres à former le corps, et l'on ne doit pas les négliger. Ils contribuent à régler la démarche, à donner un air aisé
et naturel, à inspirer une sorte d'honnêteté et de politesse exté-
rieure qui n'est pas indifférente dans le commerce de la vie, et à
faire éviter des défauts de grossièreté et de rusticité qui sont
choquants et qui marquent peu d'éducation. Mais il suffit pour
cela d'apprendre à de jeunes personnes à ne point s'abandonner
à une molle nonchalance, qui gâte et corrompt toute l'attitude
du corps; à se tenir droites, à marcher d'un pas uni et ferme, à

La peinture se tourne chez nous plus aisément au
bien ; d'ailleurs elle a un privilège pour les femmes;
sans elle, leurs ouvrages ne peuvent être bien conduits[1].
Je sais qu'elles pourraient se réduire à des travaux
simples qui ne demanderaient aucun art; mais, dans le
dessein qu'il me semble qu'on doit avoir d'occuper l'esprit
en même temps que les mains des femmes de condition,
je souhaiterais qu'elles fissent des ouvrages où l'art et
l'industrie assaisonnassent le travail de quelque plaisir.
De tels ouvrages ne peuvent avoir aucune vraie beauté,
si la connaissance des règles du dessein ne les conduit.
De là vient que presque tout ce qu'on voit maintenant
dans les étoffes, dans les dentelles et dans les broderies
est d'un mauvais goût; tout y est confus, sans dessein,
sans proportion. Ces choses passent pour belles, parce

entrer décemment dans une chambre ou dans une compagnie, à
se présenter de bonne grâce, à faire une révérence à propos; en
un mot à garder toutes les bienséances qui font partie de la
science du monde et auxquelles on ne peut manquer sans se
rendre méprisable. Voilà, ce me semble, à quoi naturellement
doit tendre l'exercice dont je parle; et j'ai vu avec joie des maîtres à danser de la première réputation se renfermer dans ces
bornes pour satisfaire aux désirs de mères chrétiennes qui joi-
gnent à une grande naissance une piété encore plus grande.
« Il n'est pas nécessaire que je m'arrête ici à montrer combien
tout ce qui est au delà de ce que je viens de marquer peut devenir dangereux pour de jeunes demoiselles, et combien les suites
en peuvent être funestes. Une dame un peu jalouse de sa réputation ne serait pas contente qu'on lui fît un mérite d'exceller
dans le chant et dans la danse. C'est la remarque que fait Sal-
luste, en disant de Sempronia, dame de naissance, mais absolument décriée pour les mœurs, qu'elle chantait et dansait avec
plus d'art et de grâce qu'il ne convenait à une honnête femme. »
(*Traité des études*, livre 1er, chapitre II, De l'éducation des filles,
article II, § 3, Lecture des poètes, musique, danse.)
1. *Leurs ouvrages :* Fénelon veut ici parler des ouvrages des
mains, qu'il ne considère guère, d'ailleurs, comme on le voit, que
comme ouvrages de luxe. Il y aurait, sur ce point, beaucoup à
ajouter au point de vue de l'école et de la famille placée dans
les conditions communes.

qu'elles coûtent beaucoup de travail à ceux qui les font,
et d'argent à ceux qui les achètent ; leur éclat éblouit
ceux qui les voient de loin ou qui ne s'y connaissent
pas. Les femmes ont fait là-dessus des règles à leur
mode ; qui voudrait contester passerait pour visionnaire.
Elles pourraient néanmoins se détromper en consultant
la peinture, et par là se mettre en état de faire, avec
une médiocre dépense et un grand plaisir, des ouvrages
d'une noble variété et d'une beauté qui serait au-dessus
des caprices irréguliers des modes.

Elles doivent également craindre et mépriser l'oisiveté.
Qu'elles pensent que tous les premiers chrétiens, de
quelque condition qu'ils fussent, travaillaient non pour
s'amuser, mais pour faire du travail une occupation
sérieuse, suivie et utile. L'ordre naturel, la pénitence
imposée au premier homme et en lui à toute sa posté-
rité ; celle dont l'homme nouveau, qui est Jésus-Christ,
nous a laissé un si grand exemple, tout nous engage à
une vie laborieuse, chacun en sa manière [1].

1. Nous donnerons ici la seconde partie du chapitre de Claude
Fleury sur les « études des femmes », dont nous avons déjà
reproduit le commencement (voy. la note 2 de la page 4). C'est, à
quelques détails près, une sorte de résumé des chapitres XI et XII,
que probablement il a dû connaître :

« Pour voir les études qui peuvent être à l'usage des femmes,
je crois que le plus sûr est de parcourir toutes celles que j'ai
expliquées (dans les chapitres qui précèdent celui-ci). Première-
ment, elles ne doivent ni ignorer la religion, ni y être trop savantes : comme elles sont pour l'ordinaire portées à la dévotion,
si elles ne sont bien instruites, elles deviennent aisément superstitieuses. Il est donc très important qu'elles connaissent de bonne
heure la religion, aussi solide, aussi grande, aussi sérieuse qu'elle
l'est ; mais, si elles sont savantes, il est à craindre qu'elles ne veuil-
lent dogmatiser et qu'elles ne donnent dans les nouvelles opinions, s'il s'en trouve de leur temps. Il faut donc se contenter de
leur apprendre les dogmes communs, sans entrer dans la théologie, et travailler surtout à la morale, leur inspirant les vertus qui
leur conviennent le plus, comme la douceur et la modestie, la
soumission, l'amour de la retraite, l'humilité, et celles dont leur

On doit considérer pour l'éducation d'une jeune fille
sa condition, les lieux où elle doit passer sa vie et là

tempérament les éloigne le plus, comme la force, la fermeté, la
patience. Pour l'esprit, il faut les exercer de bonne heure à penser
de suite et à raisonner solidement sur les sujets ordinaires qui
peuvent être à leur usage, leur apprenant le plus essentiel de la
logique, sans les charger de grands mots qui puissent donner
matière à la vanité. Pour le corps, il n'y a guère d'exercices qui
leur conviennent, que de marcher; mais tous les préceptes de
santé que j'ai marqués leur conviennent, et ce sont elles qui en
ont le plus de besoin, puisqu'elles sont les plus sujettes à se
flatter en cette matière et à se faire honneur de leurs maladies
et de leurs faiblesses. La santé et la vigueur des femmes est importante à tout le monde, puisqu'elles sont les mères des garçons
aussi bien que des filles. Il est bon aussi qu'elles sachent les
remèdes les plus faciles des maux ordinaires; car elles sont fort
propres à les préparer dans les maisons et à prendre soin des
malades. La grammaire ne consistera pour elles qu'à lire et écrire,
et composer correctement en français une lettre, un mémoire ou
quelque autre pièce à leur usage. L'arithmétique pratique leur
suffit; mais elle ne leur est pas moins nécessaire qu'aux hommes,
et elles ont encore plus besoin de l'économique, puisqu'elles sont
destinées à s'y appliquer davantage, au moins à entrer plus dans
le détail. Aussi a-t-on assez de soin de les instruire du ménage;
mais il serait à souhaiter qu'il y entrât un peu plus de raison et
de réflexion, pour remédier à ces deux maux trop communs, la
petitesse d'esprit et l'avarice dans les femmes ménagères, et,
d'un autre côté, la fainéantise et le dédain, dans celles qui pré-
tendent au bel esprit. Il servirait beaucoup de leur faire comprendre de bonne heure que la plus digne occupation d'une
femme est le soin de tout le dedans d'une maison, pourvu qu'elle
ne fasse pas trop de cas de ce qui ne va qu'à l'intérêt et qu'elle
sache mettre chaque chose en son rang.

« Quoique les affaires du dehors regardent principalement les
hommes, il est impossible que les femmes n'y aient souvent part,
et quelquefois elles s'en trouvent entièrement chargées, comme
quand elles sont veuves. Il est donc encore nécessaire de leur
apprendre la jurisprudence, telle que je l'ai marquée pour tout le
monde, c'est-à-dire qu'elles entendent les termes communs des
affaires et qu'elles sachent les grandes maximes; en un mot,
qu'elles soient capables de prendre conseil; et cette instruction
est d'autant plus nécessaire en France, que les femmes ne sont
point en tutelle et peuvent avoir de grands biens, dont elles
soient les maîtresses absolues. Elles se peuvent passer de tout le

profession qu'elle embrassera selon les apparences.
Prenez garde qu'elle ne conçoive des espérances au-
dessus de son bien et de sa condition. Il n'y a guère de
personnes à qui il n'en coûte cher pour avoir trop
espéré; ce qui aurait rendu heureux n'a plus rien que
de dégoûtant [1], dès qu'on a envisagé un état plus haut.
Si une fille doit vivre à la campagne, de bonne heure
tournez son esprit aux occupations qu'elle y doit avoir,
et ne lui laissez point goûter les amusements de la ville;
montrez-lui les avantages d'une vie simple et active. Si
elle est d'une condition médiocre de la ville, ne lui faites
point voir des gens de la cour; ce commerce ne servirait qu'à lui faire prendre un air ridicule et dispropor-
tionné; renfermez-la dans les bornes de sa condition, et
donnez-lui pour modèles les personnes qui y réussissent
le mieux; formez son esprit pour les choses qu'elle doit
faire toute sa vie; apprenez-lui l'économie d'une maison
bourgeoise, les soins qu'il faut avoir pour les revenus
de la campagne, pour les rentes et pour les maisons
qui sont les revenus de la ville, ce qui regarde l'éducation des enfants, et enfin le détail des autres occupations
d'affaires ou de commerce, dans lequel vous prévoyez
qu'elle devra entrer quand elle sera mariée. Si, au contraire, elle se détermine à se faire religieuse, sans y être
poussée par ses parents, tournez dès ce moment toute
son éducation vers l'état où elle aspire; faites-lui faire
des épreuves sérieuses des forces de son esprit et de son

reste des études, du latin et des autres langues, de l'histoire, des
mathématiques, de la poésie et de toutes les autres curiosités.
Elles ne sont point destinées aux emplois qui rendent ces études
nécessaires ou utiles, et plusieurs en tireraient de la vanité; il
vaudrait mieux toutefois qu'elles y employassent les heures de
leur loisir qu'à lire des romans, à médire, jouer ou parler de
leurs jupes et de leurs rubans. » (*Traité du choix et de la méthode
des études*, chapitre XXXVIII.)

1. Qui n'inspire du dégoût.

corps, sans attendre le noviciat, qui est une espèce d'engagement par rapport à l'honneur du monde; accoutumez-la au silence; exercez-la à obéir sur des choses contraires à son humeur et à ses habitudes; essayez peu à peu de voir de quoi elle est capable pour la règle qu'elle veut prendre; tâchez de l'accoutumer à une vie grossière, sobre et laborieuse; montrez-lui en détail combien on est libre et heureux de savoir se passer des choses que la vanité et la mollesse, ou même la bienséance du siècle, rendent nécessaires hors du cloître; en un mot, en lui faisant pratiquer la pauvreté, faites-lui-en sentir le bonheur, que Jésus-Christ nous a révélé. Enfin, n'oubliez rien pour ne laisser dans son cœur le goût d'aucune des vanités du monde quand elle le quittera. Sans lui faire faire des expériences trop dangereuses, découvrez-lui les épines cachées sous les faux plaisirs que le monde donne; montrez-lui des gens qui y sont malheureux au milieu des plaisirs.

9

CHAPITRE XIII

DES GOUVERNANTES

Je prévois que ce plan d'éducation pourra passer, dans l'esprit de beaucoup de gens, pour un projet chimérique. Il faudrait, dira-t-on, un discernement, une patience et un talent extraordinaire pour l'exécuter. Où sont les gouvernantes capables de l'entendre [1]? A plus forte raison, où sont celles qui peuvent le suivre? Mais je prie de considérer attentivement que, quand on entreprend un ouvrage sur la meilleure éducation qu'on peut donner aux enfants, ce n'est pas pour donner des règles imparfaites : on ne doit donc pas trouver mauvais qu'on vise au plus parfait dans cette recherche. Il est vrai que chacun ne pourra pas aller, dans la pratique, aussi loin que vont nos pensées lorsque rien ne les arrête sur le papier; mais enfin, lors même qu'on ne pourra pas arriver jusqu'à la perfection dans ce travail, il ne sera pas inutile de l'avoir connue et de s'être efforcé d'y atteindre ; c'est le meilleur moyen d'en approcher [2].

1. *Les gouvernantes :* il faut entendre, comme nous l'avons dit : les institutrices.

2. On peut rapprocher ce passage du début de l'*Émile*. Fénelon s'excuse, en quelque sorte, d'avoir visé à l'idéal. Rousseau se place en plein idéal systématiquement. Fénelon propose ce qui lui semble parfait en éducation, pour qu'on puisse arriver à

D'ailleurs, cet ouvrage ne suppose point un naturel
accompli dans les enfants, et un concours de toutes les
circonstances les plus heureuses pour composer une
éducation parfaite; au contraire, je tâche de donner
des remèdes pour les naturels mauvais ou gâtés; je
suppose les mécomptes ordinaires dans les éducations,
et j'ai recours aux moyens les plus simples pour redresser, en tout ou en partie, ce qui en a besoin. Il est
vrai qu'on ne trouvera point, dans ce petit ouvrage, de
quoi faire réussir une éducation négligée et mal conduite;
mais faut-il s'en étonner? N'est-ce pas le mieux qu'on
puisse souhaiter, que de trouver des règles simples dont
la pratique exacte fasse une solide éducation? J'avoue
qu'on peut faire et qu'on fait tous les jours pour les
enfants beaucoup moins que ce que je propose; mais
aussi on ne voit que trop combien la jeunesse souffre
par ces négligences. Le chemin que je représente,
quelque long qu'il paraisse, est le plus court, puisqu'il
mène droit où l'on veut aller; l'autre chemin, qui est
celui de la crainte, et d'une culture superficielle des
esprits, quelque court qu'il paraisse, est trop long, car
on n'arrive presque jamais par là au seul vrai but de
l'éducation, qui est de persuader les esprits et d'inspirer
l'amour sincère de la vertu. La plupart des enfants qu'on
a conduits par ce chemin sont encore à recommencer,
quand leur éducation semble finie; et, après qu'ils ont

quelque chose de mieux que ce qui se fait d'ordinaire. Pour
Rousseau, tout ce qui se fait étant mauvais, il est logique, sinon
raisonnable, qu'il en prenne le contre-pied. « Proposez ce qui
est faisable, ne cesse-t-on de me répéter. C'est comme si l'on me
disait : Proposez de faire ce qu'on fait, ou du moins proposez
quelque bien qui s'allie avec le mal existant. Un tel projet, sur
certaine matière, est beaucoup plus chimérique que les miens;
car, dans cet alliage, le bien se gâte, et le mal ne se guérit pas.
J'aimerais mieux suivre en tout la pratique établie que d'en
prendre une bonne à demi, etc., etc. » (Émile, Préface.)

passé les premières années de leur entrée dans le monde
à faire des fautes souvent irréparables, il faut que l'expérience et leurs propres réflexions leur fassent trouver
toutes les maximes que cette éducation gênée et superficielle n'avait point su leur inspirer. On doit encore
observer que ces premières peines, que je demande
qu'on prenne pour les enfants, et que les gens sans
expérience regardent comme accablantes et imprati-
cables, épargnent des désagréments bien plus fâcheux,
et aplanissent des obstacles qui deviennent insurmon-
tables dans la suite d'une éducation moins exacte et plus
rude. Enfin, considérez que, pour exécuter ce projet
d'éducation, il s'agit moins de faire des choses qui demandent un grand talent, que d'éviter des fautes grossières que nous avons marquées ici en détail. Souvent
il n'est question que de ne presser point les enfants,
d'être assidu auprès d'eux, de les observer, de leur
inspirer de la confiance, de répondre nettement et de
bon sens à leurs petites questions, de laisser agir leur
naturel pour le mieux connaître, et de les redressr avec
patience, lorsqu'ils se trompent ou font quelque faute.

Il n'est pas juste de vouloir qu'une bonne éducation
puisse être conduite par une mauvaise gouvernante.
C'est sans doute assez que de donner des règles pour la
faire réussir par les soins d'un sujet médiocre; ce n'est
pas demander trop de ce sujet médiocre, que de vouloir qu'il ait au moins le sens droit, une humeur traitable, et une véritable crainte de Dieu [1]. Cette gouvernante

1. On sait ce que Rousseau, cantonné dans son idéal absolu
demande de qualités à un gouverneur : « Un gouverneur! ô
quelle âme sublime!... en vérité, pour faire un homme, il faut
être ou père ou plus qu'homme soi-même. » (Émile, livre I.) S'il
fallait absolument être une âme sublime pour accepter les fonctions d'instituteur, ce serait une témérité que d'y prétendre.
Mais peut-être qu'en retour Fénelon n'exige pas assez de ses
gouvernantes. Sans parler des qualités d'esprit et des connais-

ne trouvera dans cet écrit rien de subtil ni d'abstrait;
quand même elle ne l'entendrait pas tout, elle concevra
le gros, et cela suffit. Faites qu'elle le lise plusieurs fois,
prenez la peine de le lire avec elle, donnez-lui la liberté
de vous arrêter sur tout ce qu'elle n'entend pas et dont
elle ne se sent pas persuadée; ensuite mettez-la dans la
pratique; et, à mesure que vous verrez qu'elle perd de
vue, en parlant à l'enfant, les règles de cet écrit qu'elle
était convenue de suivre, faites-le lui remarquer doucement en secret. Cette application vous sera d'abord pénible; mais, si vous êtes le père ou la mère de l'enfant,
c'est votre devoir essentiel : d'ailleurs vous n'aurez pas
longtemps de grandes difficultés là-dessus; car cette
gouvernante, si elle est sensée et de bonne volonté, en
apprendra plus en un mois par sa pratique et par vos
avis, que par de longs raisonnements; bientôt elle mar-
chera d'elle-même dans le droit chemin. Vous aurez encore cet avantage, pour vous décharger, qu'elle trouvera dans ce petit ouvrage les principaux discours qu'il
faut faire aux enfants sur les plus importantes maximes
tout faits, en sorte qu'elle n'aura presque qu'à les suivre. Ainsi elle aura devant ses yeux un recueil des conversations qu'elle doit avoir avec l'enfant sur les choses
les plus difficiles à lui faire entendre. C'est une espèce
d'éducation pratique, qui la conduira comme par la
main. Vous pouvez encore vous servir très utilement du
Catéchisme historique, dont nous avons déjà parlé ; faites
que la gouvernante que vous formez le lise plusieurs fois,
et surtout tâchez de lui en faire bien concevoir la pré-

sances acquises, qui sont aujourd'hui plus nécessaires qu'au
XVIIᵉ siècle, tout au moins, ce semble, Fénelon aurait-il pu dire
que cette « humeur traitable » de la gouvernante ou de l'institutrice doit être chez elle la conséquence d'une affection profonde
pour les enfants. Il n'y a point d'institutrice sans cela; si l'on n'a
pas le goût des enfants, il ne faut pas se mêler d'éducation.

face, afin qu'elle entre dans cette méthode d'enseigner.
Il faut pourtant avouer que ces sujets d'un talent médiocre, auxquels je me borne, sont rares à trouver. Mais
enfin il faut un instrument propre à l'éducation; car les
choses les plus simples ne se font pas d'elles-mêmes, et
elles se font toujours mal par les esprits mal faits. Choisissez donc, ou dans votre maison, ou dans vos terres, ou
chez vos amis, ou dans les communautés bien réglées,
quelque fille que vous croirez capable d'être formée; songez de bonne heure à la former pour cet emploi, et te-
nez-la quelque temps auprès de vous pour l'éprouver,
avant de lui confier une chose si précieuse. Cinq ou
six gouvernantes formées de cette manière seraient capables d'en former bientôt un grand nombre d'autres [1].
On trouverait peut-être du mécompte en plusieurs de
ces sujets; mais enfin sur ce grand nombre on trouverait toujours de quoi se dédommager, et on ne serait
pas dans l'extrême embarras où l'on se trouve tous
les jours. Les communautés religieuses et séculières qui
s'appliquent, selon leur institut, à élever des filles, pourraient aussi entrer dans ces vues pour former leurs
maîtresses de pensionnaires et leurs maîtresses d'école.

Mais, quoique la difficulté de trouver des gouvernantes soit grande, il faut avouer qu'il y en a une autre
plus grande encore; c'est celle de l'irrégularité des parents : tout le reste est inutile, s'ils ne veulent concou-
rir eux-mêmes dans ce travail. Le fondement de tout
est qu'ils ne donnent à leurs enfants que des maximes
droites et des exemples édifiants. C'est ce qu'on ne peut
espérer que d'un très petit nombre de familles. On ne
voit, dans la plupart des maisons, que confusion, que
changement, qu'un amas de domestiques qui sont autant

1. C'est ainsi que procédait Mme de Maintenon pour le recru-
tement des dames de Saint-Louis, destinées à devenir les maîtresses des demoiselles.

d'esprits de travers, que division entre les maîtres.
Quelle affreuse école pour des enfants! Souvent une
mère qui passe sa vie au jeu, à la comédie et dans des
conversations indécentes, se plaint d'un ton grave qu'elle
ne peut pas trouver une gouvernante capable d'élever
ses filles. Mais qu'est-ce que peut la meilleure éducation
sur des filles à la vue d'une telle mère? Souvent encore
on voit des parents qui, comme dit saint Augustin,
mènent eux-mêmes leurs enfants aux spectacles publics
et à d'autres divertissements qui ne peuvent manquer
de les dégoûter de la vie sérieuse et occupée dans laquelle ces parents mêmes les veulent engager; ainsi ils
mêlent le poison avec l'aliment salutaire. Ils ne parlent
que de sagesse; mais ils accoutument l'imagination
volage des enfants aux violents ébranlements des représentations passionnées et de la musique, après quoi ils
ne peuvent plus s'appliquer. Ils leur donnent le goût
des passions et leur font trouver fades les plaisirs innocents. Après cela, ils veulent encore que l'éducation réus-
sisse; et ils la regardent comme triste et austère, si elle
ne souffre ce mélange du bien et du mal. N'est-ce pas
vouloir se faire honneur du désir d'une bonne éducation
de ses enfants, sans en vouloir prendre la peine, ni s'assujettir aux règles les plus nécessaires?

Finissons par le portrait que le Sage fait d'une femme
forte [1] : « Son prix, dit-il, est comme celui de ce qui
vient de loin, et des extrémités de la terre. Le cœur de
son époux se confie à elle; elle ne manque jamais des
dépouilles qu'il lui rapporte de ses victoires; tous les
jours de sa vie, elle lui fait du bien, et jamais de mal.
Elle cherche la laine et le lin; elle travaille avec des
mains pleines de sagesse. Chargée comme un vaisseau
marchand, elle apporte de loin ses provisions. La nuit,

1. *Proverbes*, XXXI, 19, etc.

elle se lève et distribue la nourriture à ses domestiques.
Elle considère un champ et l'achète de son travail, fruit
de ses mains; elle plante une vigne. Elle ceint ses reins de
force, elle endurcit son bras. Elle a goûté et vu combien
son commerce est utile : sa lumière ne s'éteint jamais
pendant la nuit. Sa main s'attache aux travaux rudes,
et ses doigts prennent le fuseau. Elle ouvre pourtant sa
main à celui qui est dans l'indigence, elle l'étend sur le
pauvre. Elle ne craint ni froid ni neige; tous ses domestiques ont de doubles habits; elle a tissé une robe pour
elle; le fin lin et la pourpre sont ses vêtements. Son
époux est illustre aux portes, c'est-à-dire dans les conseils, où il est assis avec les hommes les plus vénéra-
bles. Elle fait des habits qu'elle vend, des ceintures
qu'elle débite aux Chananéens. La force et la beauté
sont ses vêtements, et elle rira dans son dernier jour.
Elle ouvre sa bouche à la sagesse, et une loi de douceur
est sur sa langue. Elle observe dans sa maison jusqu'aux
traces des pas, et elle ne mange jamais son pain sans
occupation. Ses enfants se sont élevés et l'ont dite heureuse ; son mari s'élève de même, et il la loue : « Plu-
« sieurs filles, dit-il, ont amassé des richesses ; vous les
« avez toutes surpassées. » Les grâces sont trompeuses,
la beauté est vaine : la femme qui craint Dieu, c'est elle
qui sera louée. Donnez-lui du fruit de ses mains ; et
qu'aux portes, dans les conseils publics, elle soit louée
par ses propres œuvres. »

Quoique la différence extrême des mœurs, la brièveté
et la hardiesse des figures, rendent d'abord ce langage
obscur, on y trouve un style si vif et si plein, qu'on en
est bientôt charmé, si on l'examine de près [1]. Mais ce que

1. Rapprochons de ce portrait de la femme forte de l'Écriture
celui que Fénelon a tracé lui-même, dans les *Aventures de Télémaque*, d'Antiope, fille d'Idoménée. Il sera facile d'y retrouver,
sous le voile d'une fiction antique, l'idéal de la jeune fille, telle

je souhaite davantage qu'on y remarque, c'est l'autorité
de Salomon, le plus sage de tous les hommes ; c'est celle

que Fénelon la comprenait, douée de qualités et de vertus qui
sont, en réalité, toutes chrétiennes, telle qu'il cherche à l'élever
et à la former dans son traité d'éducation.

« Antiope est douce, simple et sage ; ses mains ne méprisent
point le travail ; elle prévoit de loin, elle pourvoit à tout ; elle
sait se taire et agir de suite sans empressement ; elle est à toute
heure occupée ; elle ne s'embarrasse jamais, parce qu'elle fait
chaque chose à propos : le bon ordre de la maison de son père
est sa gloire ; elle en est plus ornée que de sa beauté. Quoiqu'elle
ait soin de tout et qu'elle soit chargée de corriger, de refuser,
d'épargner, choses qui font haïr presque toutes les femmes, elle
s'est rendue aimable à toute la maison ; c'est qu'on ne trouve en
elle ni passion, ni entêtement, ni légèreté, ni humeur, comme
dans les autres femmes ; d'un seul regard elle se fait entendre,
et on craint de lui déplaire ; elle donne des ordres précis ; elle
n'ordonne que ce qu'on peut exécuter ; elle reprend avec bonté,
et, en reprenant, elle encourage. Le cœur de son père se repose
sur elle, comme un voyageur abattu par les ardeurs du soleil se
repose à l'ombre sur l'herbe tendre. Vous avez raison, Télémaque ; Antiope est un trésor digne d'être recherché dans les
terres les plus éloignées. Son esprit, non plus que son corps, ne
se pare jamais de vains ornements ; son imagination, quoique
vive, est retenue par sa discrétion ; elle ne parle que pour la nécessité ; et, si elle ouvre la bouche, la douce persuasion et les
grâces naïves coulent de ses lèvres. Dès qu'elle parle, tout le
monde se tait, et elle en rougit ; peu s'en faut qu'elle ne sup-
prime ce qu'elle a voulu dire, quand elle aperçoit qu'on l'écoute
si attentivement. A peine l'avons-nous entendue parler.

« Vous souvenez-vous, ô Télémaque, d'un jour que son père la
fit venir ? Elle parut les yeux baissés, couverte d'un grand voile ;
et elle ne parla que pour modérer la colère d'Idoménée, qui voulait faire punir rigoureusement un de ses esclaves. D'abord elle
entra dans sa peine, puis elle le calma ; enfin elle lui fit entendre
ce qui pouvait excuser ce malheureux, et, sans faire sentir au
roi qu'il s'était trop emporté, elle lui inspira des sentiments de
justice et de compassion. Thétis, quand elle flatte le vieux Nérée,
n'apaise pas avec plus de douceur les flots irrités. Ainsi Antiope,
sans prendre aucune autorité et sans se prévaloir de ses charmes,
maniera un jour le cœur de son époux, comme elle touche
maintenant sa lyre, quand elle veut en tirer les plus tendres
accords.... Je vous loue de n'avoir point voulu lui découvrir vos
sentiments ; mais sachez que, si vous eussiez pris quelques dé-

du Saint-Esprit même, dont les paroles sont si magnifiques pour faire admirer, dans une femme riche et noble, la simplicité des mœurs, l'économie et le travail.

tours pour lui apprendre vos desseins, elle les aurait rejetés
et aurait cessé de vous estimer. Elle ne se promettra jamais à
personne; elle se laissera donner par son père; elle ne prendra
jamais pour époux qu'un homme qui craigne les dieux et qui
remplisse toutes les bienséances.... Allons, Télémaque, allons vers
Ithaque; il ne me reste plus qu'à vous faire retrouver votre père
et qu'à vous mettre en état d'obtenir une femme digne de l'âge
d'or : fût-elle bergère dans la froide Algide, au lieu qu'elle est
fille du roi de Salente, vous seriez trop heureux de la posséder. »
(Livre XXII.)

FIN

AVIS A UNE DAME DE QUALITÉ

SUR L'ÉDUCATION DE SA FILLE

Puisque vous le voulez, madame, je vais vous proposer mes idées sur l'éducation de mademoiselle votre
fille.

Si vous en aviez plusieurs, vous pourriez en être em-
barrassée, à cause des affaires qui vous assujettissent à
un commerce extérieur plus grand que vous ne le sou-
haiteriez. En ce cas, vous pourriez choisir quelque bon
couvent où l'éducation des pensionnaires serait exacte.
Mais, puisque vous n'avez qu'une seule fille à élever, et
que Dieu vous a rendue capable d'en prendre soin, je
crois que vous pouvez lui donner une meilleure éducation qu'aucun couvent. Les yeux d'une mère sage, tendre et chrétienne, découvrent sans doute ce que d'autres
ne peuvent découvrir. Comme ces qualités sont très rares, le plus sûr parti pour les mères est de confier aux
couvents le soin d'élever leurs filles, parce que souvent
elles manquent des lumières nécessaires pour les instruire ; ou, si elles les ont, elles ne les fortifient pas par
l'exemple d'une conduite sérieuse et chrétienne, sans
lequel les instructions les plus solides ne font aucune

impression; car tout ce qu'une mère peut dire à sa fille
est anéanti par ce que sa fille lui voit faire. Il n'en est
pas de même de vous, madame : vous ne songez qu'à
servir Dieu ; la religion est le premier de vos soins, et
vous n'inspirerez à mademoiselle votre fille que ce qu'elle
vous verra pratiquer : ainsi je vous excepte de la règle
commune, et je vous préfère, pour son éducation, à tous
les couvents. Il y a même un grand avantage dans l'éducation que vous donnez à mademoiselle votre fille auprès de vous. Si un couvent n'est pas régulier, elle y
verra la vanité en honneur, ce qui est le plus subtil de
tous les poisons pour une jeune personne. Elle y entendra parler du monde comme d'une espèce d'enchante-
ment ; et rien ne fait une plus pernicieuse impression
que cette image trompeuse du siècle, qu'on regarde de
loin avec admiration et qui en exagère tous les plaisirs
sans en montrer les mécomptes et les amertumes. Le
monde n'éblouit jamais tant que quand on le voit de
loin, sans l'avoir jamais vu de près et sans être prévenu
contre sa séduction. Ainsi je craindrais un couvent mon-
dain encore plus que le monde même. Si, au contraire,
un couvent est dans la ferveur et dans la régularité de
son institut, une jeune fille de condition y croît dans
une profonde ignorance du siècle ; c'est sans doute une
heureuse ignorance, si elle doit durer toujours ; mais, si
cette fille sort de ce couvent et passe, à un certain âge,
dans la maison paternelle, où le monde aborde, rien
n'est plus à craindre que cette surprise et que ce grand
ébranlement d'une imagination vive. Une fille qui n'a été
détachée du monde qu'à force de l'ignorer, et en qui la
vertu n'a pas encore jeté de profondes racines, est bientôt tentée de croire qu'on lui a caché ce qu'il y a de plus
merveilleux. Elle sort du couvent comme une personne
qu'on aurait nourrie dans les ténèbres d'une caverne et
qu'on ferait tout d'un coup passer au grand jour. Rien

n'est plus éblouissant que ce passage imprévu et que cet éclat auquel on n'a jamais été accoutumé. Il vaut beaucoup mieux qu'une fille s'accoutume peu à peu au monde auprès d'une mère pieuse et discrète, qui ne lui en montre que ce qu'il lui convient d'en voir, qui lui en découvre les défauts dans les occasions, et qui lui donne l'exemple de n'en user qu'avec modération, pour le seul besoin. J'estime fort l'éducation des bons couvents; mais je compte encore plus sur celle d'une bonne mère, quand elle est libre de s'y appliquer. Je conclus donc que mademoiselle votre fille est mieux auprès de vous que dans le meilleur couvent que vous pourriez choisir. Mais il y a peu de mères à qui il soit permis de donner un pareil conseil.

Il est vrai que cette éducation aurait de grands périls, si vous n'aviez pas soin de choisir avec précaution les femmes qui seront auprès de mademoiselle votre fille. Vos occupations domestiques, et le commerce de bien-séance au dehors, ne vous permettent pas d'avoir tou-jours cet enfant sous vos yeux; il est à propos qu'elle vous quitte le moins qu'il sera possible, mais vous ne sauriez la mener partout avec vous. Si vous la laissez à des femmes d'un esprit léger, mal réglé et indiscret, elles lui feront plus de mal en huit jours que vous ne pourriez lui faire de bien en plusieurs années. Ces per-sonnes, qui n'ont eu d'ordinaire elles-mêmes qu'une mauvaise éducation, lui en donneront une à peu près semblable. Elles parleront trop librement entre elles en présence d'une enfant qui observera tout et qui croira pouvoir faire de même : elles débiteront beaucoup de maximes fausses et dangereuses. L'enfant entendra mé-dire, mentir, soupçonner légèrement, disputer mal à propos. Elle verra des jalousies, des inimitiés, des hu-meurs bizarres et incompatibles, et quelquefois des dévotions ou fausses ou superstitieuses et de travers,

sans aucune correction des plus grossiers défauts. D'ailleurs, ces personnes d'un esprit servile ne manqueront
pas de vouloir plaire à cette enfant par les complaisances et par les flatteries les plus dangereuses. J'avoue
que l'éducation des plus médiocres couvents serait meilleure que cette éducation domestique. Mais je suppose
que vous ne perdrez jamais de vue mademoiselle votre
fille, excepté dans les cas d'une absolue nécessité, et que
vous aurez au moins une personne sûre qui vous en répondra pour les occasions où vous serez contrainte de la
quitter. Il faut que cette personne ait assez de sens et de
vertu pour savoir prendre une autorité douce, pour
tenir les autres femmes dans leur devoir, pour redresser
l'enfant dans les besoins sans s'attirer sa haine, et pour
vous rendre compte de tout ce qui méritera quelque attention pour les suites. J'avoue qu'une telle femme n'est
pas facile à trouver ; mais il est capital de la chercher
et de faire la dépense nécessaire pour rendre sa condition bonne auprès de vous [1]. Je sais qu'on peut y trouver
de fâcheux mécomptes ; mais il faut se contenter des
qualités essentielles et tolérer les défauts qui sont mêlés avec ces qualités. Sans un tel sujet, appliqué à vous
aider, vous ne sauriez pas réussir.

Comme mademoiselle votre fille montre un esprit
assez avancé, avec beaucoup d'ouverture, de facilité et
de pénétration, je crains pour elle le goût du bel esprit

1. On voit que Fénelon, qui vise à la pratique, exprime ici une
idée contraire à celle de Rousseau, qui ne veut pas d'un instituteur payé. « On raisonne beaucoup sur les qualités d'un bon
gouverneur. La première que j'en exigerais, et celle-là seule en
suppose beaucoup d'autres, c'est de n'être point un homme à
vendre. Il y a des métiers si nobles, qu'on ne peut les faire pour
de l'argent sans se montrer indigne de les faire ; tel est celui de
l'homme de guerre ; tel est celui de l'instituteur. » C'est là un de
ces mille paradoxes, comme il s'en rencontre à chaque pas sous
la plume de Rousseau.

et un excès de curiosité vaine et dangereuse. Vous me
permettrez, s'il vous plaît, madame, de vous dire ce qui
ne doit point vous blesser, puisqu'il ne vous regarde
point. Les femmes sont d'ordinaire encore plus passionnées pour la parure de l'esprit que pour celle du corps.
Celles qui sont capables d'étude, et qui espèrent de se
distinguer par là, ont encore plus d'empressement pour
leurs livres que pour leurs ajustements. Elles cachent un
peu leur science ; mais elles ne la cachent qu'à demi,
pour avoir le mérite de la modestie avec celui de la capacité. D'autres vanités plus grossières se corrigent plus
facilement, parce qu'on les aperçoit, qu'on se les reproche, et qu'elles marquent un caractère frivole. Mais une
femme curieuse et qui se pique de savoir beaucoup se
flatte d'être un génie supérieur dans son sexe ; elle se
sait bon gré de mépriser les amusements et les vanités
des autres femmes ; elle se croit solide en tout, et rien
ne la guérit de son entêtement. Elle ne peut d'ordinaire
rien savoir qu'à demi ; elle est plus éblouie qu'éclairée
par ce qu'elle sait ; elle se flatte de savoir tout ; elle dé-
cide ; elle se passionne pour un parti contre un autre
dans toutes les disputes qui la surpassent, même en matière de religion ; de là vient que toutes les sectes
naissantes ont eu tant de progrès par des femmes qui
les ont insinuées et soutenues. Les femmes sont élo-
quentes en conversation, et vives pour mener une ca-
bale. Les vanités grossières des femmes déclarées vaines
sont beaucoup moins à craindre que ces vanités sérieuses et raffinées, qui se tournent vers le bel esprit pour
briller par une apparence de mérite solide. Il est donc
capital de ramener sans cesse mademoiselle votre fille à
une judicieuse simplicité. Il suffit qu'elle sache assez
bien la religion pour la croire et pour la suivre exactement dans la pratique, sans se permettre jamais d'en
raisonner. Il faut qu'elle n'écoute que l'Église, qu'elle

ne se prévienne [1] pour aucun prédicateur contredit ou
suspect de nouveauté. Son directeur doit être un homme
ouvertement déclaré contre tout ce qui s'appelle parti.
Il faut qu'elle fuie les conversations des femmes qui se
mêlent de raisonner témérairement sur la doctrine, et
qu'elle sente combien cette liberté est indécente et pernicieuse. Elle doit avoir horreur de lire les livres défen-
dus, sans vouloir examiner ce qui les fait défendre.
Qu'elle apprenne à se défier d'elle-même et à craindre
les pièges de la curiosité et de la présomption ; qu'elle
s'applique à prier Dieu en toute humilité, à devenir
pauvre d'esprit, à se recueillir souvent, à obéir sans relâ-
che, à se laisser corriger par les personnes sages et af-
fectionnées, jusque dans ses jugements les plus arrêtés,
et à se taire, laissant parler les autres. J'aime bien mieux
qu'elle soit instruite des comptes de votre maître d'hôtel que des disputes des théologiens sur la grâce. Occu-
pez-la d'un ouvrage de tapisserie qui sera utile dans
votre maison et qui l'accoutumera à se passer du commerce dangereux du monde ; mais ne la laissez point
raisonner sur la théologie, au grand péril de sa foi. Tout
est perdu, si elle s'entête du bel esprit et si elle se dégoûte des soins domestiques. La femme forte file [2], se
renferme dans son ménage, se tait, croit et obéit ; elle
ne dispute point contre l'Église.

Je ne doute nullement, madame, que vous ne sachiez
bien placer, dans les occasions naturelles, quelques réflexions sur l'indécence et sur les dérèglements qui se
trouvent dans le bel esprit de certaines femmes, pour
éloigner mademoiselle votre fille de cet écueil. Mais,
comme l'autorité d'une mère court risque de s'user, et

1. *Qu'elle ne se prévienne :* qu'elle n'ait aucune prévention en
faveur d'un prédicateur contredit, c'est-à-dire dont les doctrines
paraîtraient susceptibles de contradiction.
2. Voir page 135.

comme ses plus sages leçons ne persuadent pas toujours une fille contre son goût, je souhaiterais que les femmes d'un mérite approuvé dans le monde, qui sont de vos amies, parlassent avec vous en présence de cette jeune personne, et sans paraître penser à elle, pour blâmer le caractère vain et ridicule des femmes qui affectent d'être savantes et qui montrent quelque partialité pour les novateurs en matière de religion. Ces instructions indirectes feront, selon les apparences, plus d'impression que tous les discours que vous feriez seule et directement.

Pour les habits, je voudrais que vous tâchassiez d'inspirer à mademoiselle, votre fille le goût d'une vraie modération. Il y a certains esprits extrêmes de femmes à qui la médiocrité est insupportable ; elles aimeraient mieux une simplicité austère, qui marquerait une réforme éclatante en renonçant à la magnificence la plus outrée, que de demeurer dans un juste milieu, qu'elles méprisent comme un défaut de goût et comme un état insipide. Il est néanmoins vrai que ce qu'il y a de plus estimable et de plus rare est de trouver un esprit sage et mesuré, qui évite les deux extrémités et qui, donnant à la bienséance ce qu'on ne peut lui refuser, ne passe jamais cette borne. La vraie sagesse est de vouloir, pour les meubles, pour les équipages et pour les habits, qu'on n'ait rien à y remarquer ni en bien ni en mal. « Soyez assez bien, direz-vous à mademoiselle votre fille, pour ne vous faire point critiquer comme une personne sans goût, malpropre et trop négligée ; mais qu'il ne paraisse dans votre extérieur aucune affectation de parure ni aucun faste : par là vous paraîtrez avoir une raison et une vertu au-dessus de vos meubles, de vos équipages et de vos habits ; vous vous en servirez et vous n'en serez pas esclave. » Il faut faire entendre à cette jeune personne que c'est le luxe qui confond

toutes les conditions, qui élève les personnes d'une
basse naissance et enrichies à la hâte par des moyens
odieux, au-dessus des personnes de la condition la plus
distinguée ; que c'est ce désordre qui corrompt les
mœurs d'une nation, qui excite l'avidité, qui accoutume
aux intrigues et aux bassesses, et qui sape peu à peu
tous les fondements de la probité. Elle doit comprendre
aussi qu'une femme, quelques grands biens qu'elle porte
dans une maison, la ruine bientôt, si elle y introduit le
luxe, avec lequel nul bien ne peut suffire. En même
temps, accoutumez-la à considérer avec compassion les
misères affreuses des pauvres, et à sentir combien il
est indigne de l'humanité que certains hommes qui ont
tout ne se donnent aucune borne dans l'usage du su-
perflu, pendant qu'ils refusent cruellement le nécessaire
aux autres. Si vous teniez mademoiselle votre fille dans
un état trop inférieur à celui des autres personnes de
son âge et de sa condition, vous courriez risque de
l'éloigner de vous : elle pourrait se passionner pour ce
qu'elle ne pourrait pas avoir et qu'elle admirerait de loin
en autrui ; elle serait tentée de croire que vous êtes
trop sévère et trop rigoureuse ; il lui tarderait peut-être
de se voir maîtresse de sa conduite pour se jeter sans
mesure dans la vanité. Vous la retiendrez beaucoup
mieux en lui proposant un juste milieu, qui sera toujours approuvé des personnes sensées et estimables ; il
lui paraîtra que vous voulez qu'elle ait tout ce qui convient à la bienséance, que vous ne tombez dans aucune
économie sordide, que vous avez même pour elle toutes
les complaisances permises, et que vous voulez seulement la garantir des excès des personnes dont la vanité
ne connaît point de bornes. Ce qui est essentiel est de
ne vous relâcher jamais sur aucune des immodesties
qui sont indignes du christianisme. Vous pouvez vous
servir des raisons de bienséance et d'intérêt, pour aider

et pour soutenir la religion en ce point. Une jeune fille
hasarde tout pour le repos de sa vie, si elle épouse un
homme vain, léger et déréglé. Donc il lui est capital de
se mettre à portée d'en trouver un sage, réglé, d'un
esprit solide et propre à réussir dans les emplois. Pour
trouver un tel homme, il faut être modeste et ne laisser
voir en soi rien de frivole et d'évaporé. Quel est l'homme
sage et discret qui voudra une femme vaine, et dont la
vertu paraît ambiguë, à en juger par son extérieur?

Mais votre principale ressource est de gagner le cœur
de mademoiselle votre fille pour la vertu chrétienne.
Ne l'affarouchez point sur la piété par une sévérité
inutile; laissez-lui une liberté honnête et une joie innocente; accoutumez-la à se réjouir en deçà du péché et
à mettre son plaisir loin des divertissements contagieux.
Cherchez-lui des compagnies qui ne la gâtent point, et
des amusements, à certaines heures, qui ne la dégoû-
tent jamais des occupations sérieuses du reste de la
journée. Tâchez de lui faire goûter Dieu; ne souffrez pas
qu'elle ne le regarde que comme un juge puissant et
inexorable, qui veille sans cesse pour nous censurer et
pour nous contraindre en toute occasion; faites-lui voir
combien il est doux, combien il se proportionne à nos
besoins et a pitié de nos faiblesses; familiarisez-la avec
lui comme avec un père tendre et compatissant. Ne lui
laissez point regarder l'oraison comme une oisiveté
ennuyeuse et comme une gêne d'esprit où l'on se met
pendant que l'imagination échappée s'égare. Faites-lui
entendre qu'il s'agit de rentrer souvent au dedans de
soi pour y trouver Dieu, parce que son règne est au
dedans de nous. Il s'agit de parler simplement à Dieu
toute heure pour lui avouer nos fautes, pour lui représenter nos besoins et pour prendre avec lui les me-
sures nécessaires par rapport à la correction de nos
défauts. Il s'agit d'écouter Dieu dans le silence inté-

rieur, en disant : *J'écouterai ce que le Seigneur dit au dedans de moi* [1]. Il s'agit de prendre l'heureuse habitude d'agir en sa présence et de faire gaiement toutes choses, grandes ou petites, pour son amour. Il s'agit de renouveler cette présence toutes les fois qu'on s'aperçoit de l'avoir perdue. Il s'agit de laisser tomber les pensées qui nous distraient dès qu'on les remarque, sans se distraire à force de combattre les distractions et sans s'inquiéter de leur fréquent retour. Il faut avoir patience avec soi-même et ne se rebuter jamais, quelque légèreté d'esprit qu'on éprouve en soi. Les distractions involontaires ne nous éloignent point de Dieu; rien ne lui est si agréable que cette humble patience d'une âme toujours prête à recommencer pour revenir vers lui. Mademoiselle votre fille entrera bientôt dans l'oraison, si vous lui en ouvrez bien la véritable entrée. Il ne s'agit ni de grands efforts d'esprit, ni de saillies d'imagination, ni de sentiments délicieux, que Dieu donne et qu'il ôte comme il lui plaît. Quand on ne connaît point d'autre oraison que celle qui consiste dans toutes ces choses si sensibles et si propres à nous flatter intérieurement, on se décourage bientôt; car une telle oraison tarit, et on croit alors avoir tout perdu. Mais dites-lui que l'oraison ressemble à une société simple, familière et tendre, ou, pour mieux dire, qu'elle est cette société même. Accoutumez-la à épancher son cœur devant Dieu, à se servir de tout pour l'entretenir, et à lui parler avec confiance, comme on parle librement et sans réserve à une personne qu'on aime et dont on est sûr d'être aimé du fond du cœur. La plupart des personnes qui se bornent à une certaine oraison contrainte sont avec Dieu comme on est avec les personnes qu'on respecte, qu'on voit rarement, par pure formalité, sans

1. *Psaumes*, LXXIV, 9.

les aimer et sans être aimé d'elles; tout s'y passe en cérémonies et en compliments; on s'y gêne, on s'y ennuie, on a impatience de sortir. Au contraire, les personnes véritablement intérieures [1] sont avec Dieu comme on est avec ses intimes amis; on ne mesure point ce qu'on dit, parce qu'on ne sait à qui on parle; l'on ne dit rien que de l'abondance et de la simplicité du cœur; on parle à Dieu des affaires communes, qui sont sa gloire et notre salut. Nous lui disons nos défauts que nous voulons corriger, nos devoirs que nous avons besoin de remplir, nos tentations qu'il faut vaincre, les délicatesses et les artifices de notre amour-propre qu'il faut réprimer. On lui dit tout; on l'écoute sur tout; on repasse ses commandements, et on va jusqu'à ses conseils. Ce n'est plus un entretien de cérémonie; c'est une conversation libre, de vraie amitié : alors Dieu devient l'ami du cœur, le père dans le sein duquel l'enfant se console, l'époux avec lequel on n'est plus qu'un même esprit par la grâce. On s'humilie sans se décourager; on a une vraie confiance en Dieu, avec une entière défiance de soi; on ne s'oublie jamais pour la correction de ses fautes, mais on s'oublie pour n'écouter jamais les conseils flatteurs de l'amour-propre. Si vous mettez dans le cœur de mademoiselle votre fille cette piété simple et nourrie par le fond, elle fera de grands progrès.

Je souhaite, etc.

1. *Intérieures* : qui se livrent à la spiritualité.

TABLE DES MATIÈRES

FIN DE LA TABLE DES MATIÈRES.

Coulommiers. — Imp. Paul BRODARD. — 851-07.

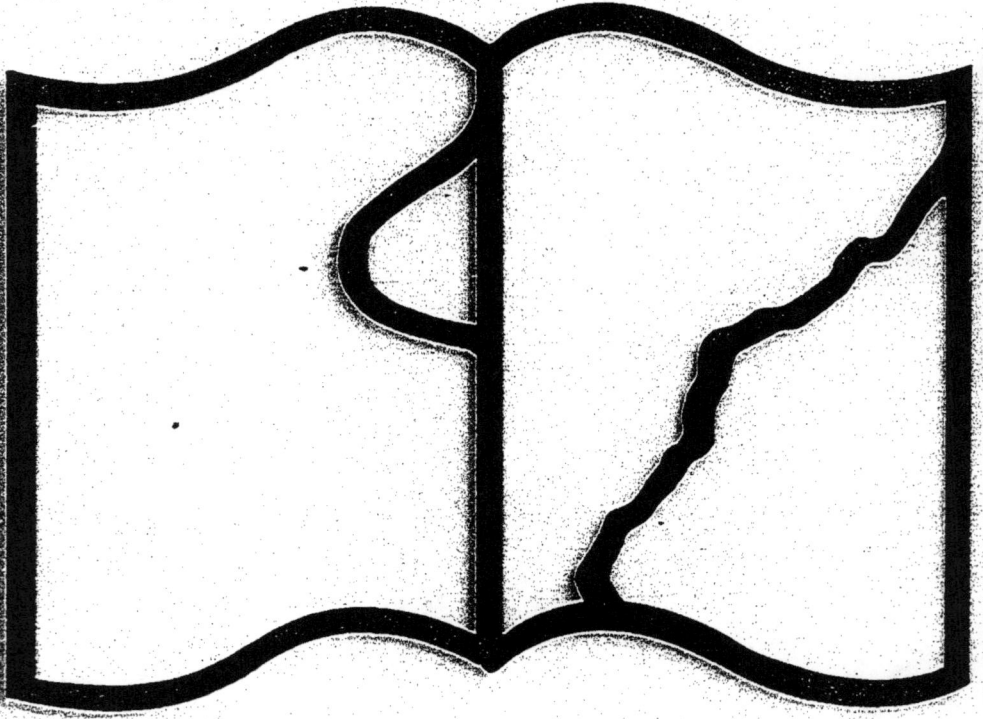

Texte détérioré — reliure défectueuse

NF Z 43-120-11